suhrkamp taschenbuch 4257

Als Peter Turrini 1987 *Die Minderleister* schrieb, war die Krise der Stahlindustrie auf ihrem Höhepunkt angelangt. Alle redeten von Wirtschaftlichkeit, von notwendigen Strukturmaßnahmen; vom Los der von Massenentlassungen betroffenen Arbeiter redete kaum jemand. Heute macht in vielen Betrieben die halbe Belegschaft die doppelte Arbeit, und die Folgen der Globalisierung sind offensichtlich. *Die Minderleister* zeigt unsere Welt, wie sie heute ist. Dem Drama zur Seite stehen *Tod und Teufel* und *Ich liebe dieses Land* – drei Stücke über soziale Außenseiter und ökonomische Verlierer.

Peter Turrini, geboren 1944 in St. Margarethen in Kärnten, lebt in Retz. Zuletzt erschien im suhrkamp taschenbuch der Band *Wie verdächtig ist der Mensch. Wortmeldungen* (st 4181).

Peter Turrini

Die Minderleister

Dramen

Herausgegeben und
mit einem Nachwort von
Silke Hassler

Suhrkamp

Umschlagfoto: © Martin Vukovits
Peter Turrini in seinem Haus in Kleinriedenthal

suhrkamp taschenbuch 4257
Erste Auflage 2011
© Suhrkamp Verlag Berlin 2011
Suhrkamp Taschenbuch Verlag
Druck: Druckhaus Nomos, Sinzheim
Printed in Germany
Umschlag: Göllner, Michels, Zegarzewski
ISBN 978-3-518-46257-7

1 2 3 4 5 6 – 16 15 14 13 12 11

Inhalt

Die Minderleister

Ein Drama

Personen

HANS 29 Jahre, *Stahlarbeiter*
ANNA *seine Frau, 26 Jahre, Hilfsarbeiterin*
SCHMELZER 59 Jahre, *Stahlarbeiter*
Der ITALIENER 42 Jahre, *Stahlarbeiter*
RINGO 22 Jahre, *Stahlarbeiter*
URSUS 35 Jahre, *Stahlarbeiter*
SHAKESPEARE 61 Jahre, *Werksbibliothekar*
ORDNER 33 Jahre
KELLNERIN 30 Jahre
PERSONALCHEFIN 36 Jahre
PERSONALCHEF 48 Jahre
Der ARBEITER 34 Jahre (Franz Reiter)
Der JUGOSLAWE 40 Jahre
Die amerikanische SÄNGERIN
Der MINISTER *für Arbeit und Wirtschaft*
Die FRAU DES MINISTERS
Der QUIZMASTER *mit seinen beiden Assistentinnen*
Ein MANN IM OVERALL *mit zwei Arbeitern*

Erste Szene

Die leere Bühne. William Shakespeare tritt auf. Er ist ein alter Mann im Anzug und sieht ziemlich verwahrlost aus. Er ist angeheitert wie immer. Er trinkt eine Flasche Bier aus und zerschlägt die leere Flasche auf seinem Kopf. Er lacht.

SHAKESPEARE Mir geht es glänzend
 wie geht es Ihnen?
 Mein Name ist William Shakespeare.
 Kellnerin, noch ein Bier!
KELLNERIN *von draußen* Jawohl, Herr Shakespeare.
SHAKESPEARE Mir ist im Jahre 44
 Europa auf den Kopf gefallen.
 Ein Stahlwerk war die ganze Welt.
 Europa eine Eisenmulde.
 Und während ringsum alles starb
 versuchten sich die Ärzte
 an meinem Trümmerkopf.
 Mir war Europa auf den Kopf gefallen.
 Ich war ein Fall.
 Kellnerin, das Bier!
KELLNERIN *von draußen* Jawohl, Herr Shakespeare!
SHAKESPEARE Sie fischten
 die Schädeltrümmer
 aus meinem Gehirn.
 Die Eierschalen
 aus meinem Eidotter.
 Vernähten diese Ganglie
 mit jener.
 Jene mit dieser.
 Nicht ohne dabei
 über meinem eingeschlagenen Ei

einen akademischen Streit abzuführen.
Sie bedeckten ihr stümperhaftes Werk
– meinen Kopf –
mit einer eingepaßten Silberplatte.
Und wünschten mir
für die weitere Zukunft
alles Gute.
Kellnerin, Bier!

KELLNERIN *von draußen* Das Bier
Herr Shakespeare
ist schon unterwegs!

SHAKESPEARE Als ich wieder reden konnte
– natürlich nur Dummheiten –
gaben sie mir den Posten
eines Werkbibliothekars.
Ich besuchte Stratford upon Avon.
Weimar ließ ich links liegen.
Meuterte auf der Bounty.
Mischte mich unter die sieben Zwerge.
Und beobachtete den Wiederaufbau
der heimischen Stahlindustrie.
Die Kellnerin tritt auf. Sie hält eine Flasche Bier in der
einen Hand, Besen und Schaufel in der anderen.

KELLNERIN Ihr Bier
Herr Shakespeare!

SHAKESPEARE Es zahlt
der Säckelwart der himmlischen Heerscharen.
Oder
der Dominikanerpater Christoph Schönborn, OP.
Oder
das Fräulein Evelyn von der Caritas.
Oder
der Sozialfonds der Gewerkschaft.

KELLNERIN Schon gut
Herr Shakespeare.

Schlagen Sie sich die Flasche
gleich über den Kopf
oder soll ich mit Aufkehren
der Scherben
noch warten?
Shakespeare macht einen Zug aus der Flasche. Die Kell-
nerin kehrt die Scherben auf.
SHAKESPEARE Sie ist ein Kind der Berge.
Taub geworden
in den Kantinen
der Industrie.
Er macht einen langen Zug aus der Flasche.
SHAKESPEARE Der große Brand war vorbei.
Die Welt hatte keinen
tröstlichen Schatten mehr.
Der Rauch von vergasten Seelen
brannte in den Augen der Schuldigen.
Aber sie
blickten tatendurstig
in die Zukunft.
Sie entzündeten neue Öfen.
Stahl. Stahl. Stahl.
Als wäre nicht genug davon
auf die Erde
und unter die Menschen gefallen.
Sie heizten die Öfen
mit den Trümmern des Krieges.
Patronen.
Granaten.
Verbogene Geländer.
Ein neuer Brand
verdaute den alten.
Im Jahre 47 fraß der neue Krieg
der Wiederaufbaukrieg
sein erstes Fleisch.

Ein Ofen explodierte.
Das glühende Eisen
brannte sich von oben
durch die Leiber der Menschen.
Mir wird so heiß im Kopf.
Kellnerin, noch ein Bier!

KELLNERIN Da ist noch Bier
in Ihrem Bier
Herr Shakespeare!
*Shakespeare schlägt sich die Flasche über den Kopf. Das
Bier rinnt ihm über das Gesicht.*

SHAKESPEARE Die Tropfen des Bieres
das sind die Tränen
der Hinterbliebenen.
Kellnerin
wo bleibt das Bier?

KELLNERIN Für einen Dichter
sind Sie ganz schön sekkant
Herr Shakespeare!

SHAKESPEARE Schönes Fräulein
darf ich's wagen
ihr meinen Arm anzutragen?
Und sie muß sagen:
Bin weder Fräulein
noch bin ich schön.
Kann gut allein
ins Gasthaus gehen.
Die Kellnerin geht kopfschüttelnd ab.

SHAKESPEARE Aus einem Ofen wuchsen viele.
Den Toten folgten Neue.
Sie kamen von den Feldern
der umliegenden Täler.
Von den Höfen der Eltern.
Versehen mit selbstgemachtem Speck
und guten Ratschlägen.

Die Glocken ihrer Kirchen
wurden Werkssirenen.
Ihr Kirchhof
der Platz vor den Hallen.
Ihre Sakramente
verteilte fortan
die Gewerkschaft.
Kellnerin, mein Bier!

KELLNERIN *von draußen* Ihr Bier
Herr Shakespeare
ist schon unterwegs!

SHAKESPEARE Die Jahreszeiten verschwanden.
Sonne und Mond
versanken im Rhythmus
der Werksschichten.
Der Geruch des Heus verflog
und mit ihm alle Vögel.
Nur stumm und laut
nur hell und dunkel
ist die Welt geworden.
Ich muß austreten!
*Shakespeare dreht sich um und pinkelt. Die Kellnerin
tritt auf. Sie hat eine Flasche Bier in der Hand.*

KELLNERIN Was machen Sie da
Herr Shakespeare?

SHAKESPEARE Ich beklage
den Verlust von Natur.
Das Ausbleiben des Sonnenaufgangs.
Das Vertreiben der Vögel.
Den verschwundenen Weg
am Rande des Ackers.
Das verlorene Land
unter den Füßen der Menschen.

KELLNERIN Gott sei Dank ist es verloren
Herr Shakespeare.

Wo ich zu Hause war
waren die Mauern feucht.
Die Arbeit schwer.
Das Essen schlecht
und der Vater gierig
auf die eigene Tochter.

SHAKESPEARE So ein Schwein.

*Die Kellnerin kehrt die Scherben auf. Shakespeare macht
sich von hinten an sie heran.*

SHAKESPEARE Du verließest den Hof
gingst in das fabrikseigene Restaurant
und hofftest
– im Dunste billiger Menüs –
– unter dem gierigen Blick der Arbeiter –
auf den Einen:
Er sollte dem Geschenk deiner Unschuld
mit ewiger Liebe begegnen.

*Shakespeare legt seine Hände auf ihren Hintern. Die
Kellnerin steht auf.*

KELLNERIN In Ihrem Alter
Herr Shakespeare.

SHAKESPEARE Ist nicht der alte Wein
der feinste und reinste?
Sein Genuß
nicht der berauschendste?

KELLNERIN Sie reden aber geschwollen.

Die Kellnerin geht ab.

SHAKESPEARE Wenn die Regungen des Fleisches
lächerlich werden
bleiben nur noch Worte.
Es ist so heiß da drinnen.
Aber niemand will sich
an mir erwärmen.
Ich tauge nur für wirre Kommentare.

Er macht einen langen Zug aus der Flasche.

SHAKESPEARE Ich bin schon lange
    von allen Ufern abgestoßen.
    Ich reise in einem Meer
    von Büchern.
    Auf einem Schiff
    voller Worte.
    Mich erreicht kein Ehestreit.
    Kein Betriebsunfall.
    Keine Strukturveränderung.
    Keine Entlassung.
    Ich liege mit Rasputin
    auf der Zarin.
    Und stehe mit Nero
    vor dem brennenden Rom.
    Das ewige Feuer
    hat mich kalt gemacht.
    Mein Wahnsinn liegt wohlgeordnet
    in meinem Kopf.
    Aber Dantes Inferno
    liegt gleich über dem Hof.
    Er schlägt sich die Bierflasche über den Kopf und lacht.
SHAKESPEARE Wie geht es Ihnen?
    Mir geht es glänzend.

Zweite Szene

Völlige Dunkelheit. Man hört den ohrenbetäubenden Lärm im Innern eines Stahlwerkes. Der Lärm wird leiser, gedämpfter. Man hört eine Improvisation auf einer Klarinette.

Dritte Szene

Im Pausenraum eines Stahlwerkes. Ein Tisch, ein paar Sessel, Spinde. In den oberen Ecken des Raumes hängen Videokameras; in jeder Ecke eine. Vier Stahlarbeiter befinden sich im Raum. Ringo – er trägt eine Rennfahrermütze und improvisiert auf der Klarinette. Ursus – er trägt einen durchlöcherten Bauernhut. Er hat seinen Daumen in einem Schraubstock, welcher am Tisch festgemacht ist. Der Italiener – er hat den zerrissenen und versengten Hut eines venezianischen Gondoliere auf. Vor ihm, auf dem Tisch, liegen Videokassetten. Er hat eine in der Hand. Der alte Schmelzer – er trägt keine Kopfbedeckung. Er schaut den anderen zu.

Der Italiener erzählt Ursus eine Geschichte. Ursus – mit dem Daumen im Schraubstock – hört ihm gebannt zu.

DER ITALIENER Es ist ein schöner Sommertag.
   Ein Mädchen läuft über die Wiese.
   Zwei Rehe stehen am Waldrand.
   Das Mädchen hat blonde Haare.
   Es hat ein durchsichtiges Kleid an.
   Man sieht fast alles.
   Die Eltern des Mädchens sind arm
   aber sauber.
   Beim Laufen
   wippt der Busen des Mädchens
   auf und ab.
   Die Sonne geht langsam unter.
   Die Rehe ziehen sich in den Wald zurück.
   Das Mädchen läuft
   auf den Waldrand zu.
   Ein Kuckuck schreit.
   Hinter einem Baum

steht ein dunkler Mann mit Bart
und glühenden Augen.
Das Mädchen kommt immer näher
auf ihn zu.
Er öffnet sein Hemd
und seine Hose.
Willst du wissen
wie der Film weitergeht?
Ringo improvisiert auf der Klarinette.

URSUS Weiter, weiter.

DER ITALIENER Dreh den Schraubstock zu.
Sonst ist die Geschichte aus.
Ursus dreht den Hebel des Schraubstocks ein Stück weiter. Er stöhnt.

DER ITALIENER Das Mädchen
erreicht den Waldrand.
Der dunkle Mann mit Bart
und den glühenden Augen
springt hinter dem Baum hervor.
Er stellt sich dem Mädchen
in den Weg.
Schau, sagt er
ich bin ein Stahlwerker.
Ich arbeite direkt am Hochofen.
Meine ganze Brust
ist voller Brandwunden.
Das kommt
von der glühenden Schlacke.
Was nicht an der Brust hängenbleibt
das fällt in die Hose.
Und landet hier.
Mein Schlauch sieht aus
wie eine Gießkanne.

URSUS Was macht der Mann
mit dem Mädchen?

DER ITALIENER Das möchtest du wissen?
Das möchtest du wohl gerne wissen.
Dreh weiter.
Ursus dreht den Hebel des Schraubstocks weiter. Er stöhnt.
DER ITALIENER Was er mit ihr macht?
Alles.
Von vorne.
Von hinten.
Von oben.
Von unten.
Der Italiener hält die Videokassette den anderen hin.
Ringo improvisiert auf der Klarinette.
DER ITALIENER Erstklassiger Porno
Kollegen.
URSUS Aber nachher.
Nachher.
DER ITALIENER Was nachher?
URSUS Heiratet er
das Mädchen?
DER ITALIENER Weiterdrehen.
Ursus dreht den Hebel des Schraubstocks weiter. Er stöhnt.
DER ITALIENER Er heiratet sie nicht.
Kurz vor der Hochzeit
stirbt sie an einer Lungenentzündung
weil sie immer halbnackt
durch die Gegend rennt.
Ursus stöhnt. Der Italiener lacht.
SCHMELZER Genug.
DER ITALIENER *zum Schmelzer* Sie stirbt nicht wirklich.
Sie wird nur schwerkrank.
SCHMELZER Aufhören habe ich gesagt.
Es ist genug.
URSUS Schmelzer, bitte.

Ich habe kein Geld
für die Filme.
Es ist die Lohnkürzung.

DER ITALIENER Es ist die Hure.
Er geht jeden Freitag zu einer Hure.
Er bezahlt alles
was sie und ihr Zuhälter wollen.
Sie lacht
der Zuhälter lacht
das ganze Lokal lacht
über den Tölpel
der sie nur anschaut
nichts redet
und alles bezahlt.

URSUS Sie ist keine Hure.
Der Mann mit ihr
ist kein Zuhälter
nur ihr Bruder.
Sie lacht mich nicht aus.
Wirklich, Schmelzer.
Sie lacht nur so.
Weil sie so gerne lacht.

*Schmelzer geht auf Ursus zu. Ringo improvisiert auf der
Klarinette. Schmelzer dreht den Hebel des Schraubstocks langsam und kontinuierlich zu. Ursus schreit.*

SCHMELZER Haben sie noch immer nicht genug
über dich gelacht?
Die Schulkinder
weil du vor dem Lehrer
in die Hose gemacht hast?
Dein Vater
weil du einer trächtigen Kuh
Blumen gebracht hast?
Deine Geschwister
die dich entmündigen ließen

damit sie das Erbe
unter sich aufteilen konnten?
Haben sie alle
noch immer nicht genug
über dich gelacht?

URSUS Schmelzer, Schmelzer.

SCHMELZER Es ist genug gelacht.

*Schmelzer öffnet schnell den Schraubstock. Ursus sinkt
Schmelzer in die Arme. Ringo spielt ein Lied auf der Klarinette.*

SCHMELZER Hier bei mir
können sie dir nichts mehr tun.
Du bist mein Sohn.

*Der Ordner tritt auf. Er hat einen schwarzen Mantel an.
Alles verstummt, auch das Lied auf der Klarinette.*

ORDNER Alles in Ordnung, Kollegen?

Keiner reagiert. Stille.

ORDNER *zum Italiener* Neue Pornos?
Neuer Horror?

Keiner reagiert. Stille.

ORDNER Schmelzer
warum redest du nicht mit mir?
Weißt du nicht mehr?

Der Ordner macht ein paar Tanzschritte.

ORDNER Als ich noch beim Ofen war
und die glühenden Schlackenkörner
vom Himmel fielen
wer ist ihnen
am geschicktesten ausgewichen?
Wer hat die lustigsten
Verrenkungen gemacht?
Ich, der Tänzer, dein Sohn.

Keiner reagiert. Stille. Der Ordner tanzt etwas vor.

ORDNER Ihr habt immer über mich gelacht
warum lacht ihr nicht mehr?

Keiner reagiert. Stille.

ORDNER Merkt ihr denn nicht
  was hier los ist?
  Sie haben das Hammerwerk geschlossen.
  Sie machen Kurzarbeit im Walzwerk.
  Früher oder später werden sie euch alle
  an die Luft setzen.
  Keiner reagiert. Stille.

ORDNER Wo ist Hans?
  Warum ist er nicht hier?
  Er ist im Personalbüro.
  Was glaubt ihr
  was sie ihm da oben
  sagen?
  Früher oder später
  werden Sie euch alle
  an die Luft setzen.
  Ich weiß das von oben.
  Keiner reagiert. Stille.

ORDNER Schmelzer, ich kann euch
  als letzte
  auf die Liste setzen.
  Keiner reagiert. Stille.

ORDNER Befehl von oben.
  Wenn ihr die Schutzhelme nicht aufsetzt
  gibt es Lohnkürzungen.
  Der Ordner geht ab. Stille.

SCHMELZER Wie soll ich meine Söhne erkennen
  wenn ich auf der Brücke stehe
  und nur Schutzhelme
  unter mir sehe?
  *Schmelzer geht in eine Ecke des Raumes und spricht mit
  der Videokamera.*

SCHMELZER Ich muß wissen
  der grüne Hut mit den Löchern

das ist Ursus
der Tölpel vom Lande.
Der Mann mit dem großen Herzen
und den starken Armen.
Mit einem Schutzhelm
wäre Ursus nicht Ursus
sondern einer
wie jeder andere.
Er allein
kann die Eisenmulde hochheben
wenn der Kran streikt.
Er kann die verbogene Schlackenstange
mit bloßen Händen
geradebiegen.
Der Schmelzer zeigt auf Ringos Rennfahrermütze. Er
spricht mit der Videokamera.
SCHMELZER Mein Sohn Ringo
der Rennfahrer.
Am Zahltag
fährt er allen davon.
RINGO Ich liege in meinem Wagen.
Plötzlich beginnen wir zu fliegen.
Mein Wagen und ich.
Wir fliegen über die Menschen.
Über die Häuser.
Über die Landschaft.
Uns kann nichts und niemand erreichen.
SCHMELZER Ein Wochenlohn
für Strafmandate.
Aber für Stunden
ist er der Herr
auf allen Straßen.
RINGO Sag ihnen
daß ich der beste Klarinettenspieler
im ganzen Werk bin.

SCHMELZER *schreit gegen die Videokamera* Er ist
  der beste Klarinettenspieler
  im ganzen Werk.
RINGO Sag ihnen
  daß ich das schönste Totenlied
  für sie spiele
  wenn sie verrecken.
SCHMELZER Spiel's ihnen!
  Ringo stellt sich unter die Videokamera. Er schaut in die
  Videokamera. Er schaut zu Schmelzer. Er schaut wieder
  in die Videokamera. Er spielt ein Totenlied.
  Schmelzer zeigt auf den Italiener.
SCHMELZER Das ist der Italiener
  unser Geschichtenerzähler.
  Sein Hut gehörte
  einem venezianischen Gondoliere.
  Erzähl die Geschichte.
  Der Italiener stellt sich unter eine Videokamera.
DER ITALIENER Denen?
  Er schaut abwechselnd zu Schmelzer und in die Video-
  kamera.
DER ITALIENER Ich war in Venedig
  auf Urlaub.
  Ich sah die schönste Frau
  der Welt.
  Einen dreckigen Stahlarbeiter
  wie mich
  hätte sie nie genommen.
  Aber zu einem
  venezianischen Gondoliere
  der sie
  mit einer souveränen Geste
  zum Einsteigen aufforderte
  ist sie
  ins Boot gestiegen.

Ich habe den Hut
den Anzug
die Gondel
von einem echten Gondoliere
gemietet.
Die schönste Frau der Welt
war eine deutsche Verkäuferin.
Ich erzählte ihr keine Geschichte.
Jede Silbe
jedes Wort
hätte mich verraten.
Aber das Hochziehen meiner Augenbrauen
mein Blick
meine Umarmung
mein heißer Atem
waren durch und durch venezianisch.
Ich bin ein venezianischer Gondoliere.
Er schreit gegen die Videokamera.
DER ITALIENER Und ihr seid ein Haufen
von Scheißern
die beim geringsten Versuch
eine deutsche Verkäuferin zu vögeln
aus der Gondel gefallen wären!
Schmelzer stellt sich unter eine Videokamera.
SCHMELZER Mein Kopf ist frei
und er bleibt frei.
Ich brauche die Luft
zwischen mir und der Gefahr.
Alle Scheiße kommt von oben.
Mein Kopf riecht sie
und ich springe zur Seite.
Ich bin allen höheren Weihen
entkommen.
Dem Abschluß meines Studiums.
Der Achtung meiner Vorgesetzten.

Dem Sakrament der Ehe.
Hier in der Hölle
bei neunzig Grad
bei meinen verbrannten Söhnen
riecht es endlich nicht mehr
nach Scheiße.
Ich bin Schmelzer, der Unbedeckte.
Er zieht seine Hose hinunter und hält seinen nackten Hintern gegen die Videokamera. Die anderen machen es ihm nach. Hans, der fünfte Arbeiter aus der Hochofenpartie, kommt in den Pausenraum. Stille. Schmelzer geht auf ihn zu.
SCHMELZER Hans
was wollten sie von dir
im Personalbüro?
Hans schweigt. Die anderen gehen auf ihn zu.
SCHMELZER Hans, was ist los?
Hans schweigt. Die Kollegen machen den »Roßbiß« mit ihm. Sie zwicken ihn in die Oberschenkel.
SCHMELZER Hans!
Rede endlich.
Hans brüllt vor Lachen.

Vierte Szene

Im Wohnzimmer des Einfamilienhauses von Hans und Anna. Hans sitzt bei Tisch, er ißt und trinkt. Er schaut sich einen Videoporno im Fernsehen an. Zwischendurch betätigt er die Fernbedienung, zumeist den Vorlauf. Ab und zu drückt er auf »Slow«. Er schweigt. Anna schaut ihn lange an.

ANNA Was ist mit dir, Hans?
Seit du zu Hause bist

redest du kein Wort.
Wenn man die Augen zumacht
geht das Schlimme vorbei
und das Schöne kommt.
Gestern in der Fabrik
hab ich die Augen zugemacht
und auf einmal war ich
am Traumschiff.
Ein Reicher
hat mich eingeladen.
Aber er war
kein Guter.
Dann hat mich ein einfacher Matrose
angelacht.
Er hat so ehrliche Augen.
Und ich denke
das ist der Mann fürs Leben.
Als ich die Augen aufmachte
war ein Fehler in der Waschmaschine
ein Kontaktversager
und der Meister hat gesagt
er zieht es vom Lohn ab.
Ich habe immer so
Vorstellungen vom Leben.
Schon als junges Mädchen.
Man geht in den Wald
macht die Augen zu
und die Fee erscheint.
Oder ein Reiseleiter
der einen Drink zahlt.
Das stimmt wirklich.
Wenn man
auf den Malediven ankommt
bekommt man
ein Gratisgetränk

Bacardi mit Cola
vom Reiseleiter.
Einmal möchte ich schon
das richtige Meer sehen.
Wer einen Abonnenten
für die Zeitung wirbt
kriegt ein Wochenende
in Tirol, zu zweit.
Anna zieht sich aus. Sie hat »Reizwäsche« an.
ANNA An und für sich
ist unser Leben schön.
Wir können überallhin
wo wir hinwollen.
Nur die Einrichtung
für das Kinderzimmer fehlt.
Und das Kind.
Anna macht »aufreizende« Bewegungen vor Hans.
ANNA Wenn man
zu deinem Gehalt
zu deinem Weihnachtsgeld
zu deinem Urlaubsgeld
mein Gehalt
und mein Weihnachtsgeld
und mein Urlaubsgeld
dazuzählt
dann geht es sich
mit den Raten fürs Kinderzimmer
mit der Rückzahlung vom Baukredit
und vom Videorecorder
knapp aus.
Es darf nur nichts passieren.
In der Fabrik werden jetzt
Frauen entlassen.
Noch bevor sie Anspruch
auf Sozialleistungen haben.

Die neben mir
ist einen Tag
vor Ablauf des dritten Monats
gekündigt worden.
Nicht vom Personalchef.
In der Früh
ist sie ganz normal
in die Arbeit gegangen
und da steht auf der Stechkarte
mit roter Schrift
daß sie nicht mehr gebraucht wird.
Der Betriebsrat war auch nicht da.
Sie ist nach Hause gegangen
und hat das ganze Wohnzimmer
mit rotem Lack angestrichen.
Wenn ich schwanger bin
kann nichts passieren.
*Sie setzt sich auf ihn. Hans schaut über ihre Schulter zum
Porno.*

ANNA Halt mich fest.
Mach deine Augen zu
und stell dir vor
wer ich bin.
Hans reagiert nicht. Anna hält ihm die Augen zu.

ANNA Soll ich so sein
wie die in diesem Film?
Du weißt
ich kann mir alles vorstellen.
Du mußt mir nur sagen
wie du dir vorstellst
daß ich bin.
*Hans reagiert nicht. Anna schaut zum Pornofilm und
»ahmt« den Film nach. Sie bewegt sich auf und ab. Sie
»imitiert« die Sprechweise eines Pornos.*

ANNA Nimm mich

mit deiner ganzen Kraft.
Durchbohre mich.
Lösch mich aus.
Ich bin das schreiende Gefäß
deiner Stöße.
Sie spricht wieder normal.
ANNA Ich habe das Kinderzimmer
bestellt. Sehr günstig
und ganz in Natur.
Für unser Kind.
Im Katalog steht
daß es demnächst teurer wird.
Du bist mir nicht böse?
Mache ich es so
richtig?
Ist es so
wie du es dir vorstellst?
Eine Muschel habe ich
auch gekauft.
Man legt sie ans Ohr
und dann ist das Meer
ganz da.
Man braucht nicht wirklich
hinfahren.
Wenn es sich finanziell
nicht ausgeht.
Ich spüre dich
ganz tief in mir.
Es gibt eine Glaskugel
im Geschäft.
Man muß sie umdrehen
dann fällt der Schnee
auf Kitzbühel.
Es ist Wintersaison.
Nachher trinkt man

in der Hotelbar
Bacardi mit Cola.
Ich habe immer so Vorstellungen.
Kannst du mich
zwischendurch
streicheln?
William Shakespeare tritt auf.
Er sieht völlig verwahrlost aus und ist vollkommen be-
trunken.

SHAKESPEARE Durst. Durst. Durst.
Ich habe nichts zu trinken
und die Arbeiterklasse kopuliert.
Der Saft der Lust
tropft in den unbezahlten
Einfamilienhäusern.
Ich bin Falstaff
am Trockenen.
Captain Silver ohne Rum.
Deine Kollegen
alles Feinde der Literatur
weisen mich von ihrer Schwelle.
Gib mir Geld, Hans
ich verdurste.
Euer Herz
ist voller Sand.
Ich krieche durch diese Wüste
auf allen Vieren.
Ich störe euch.
Ich zertrample
eure Vorgärten
eure Spannteppiche.
Ich durchbreche
eure wohlverdiente Ruhe.
Ich schreie
in eure Stille.

Warum schaut ihr mich
William Shakespeare
seit vierzig Jahren
mit unbeweglicher Miene an?
Ich verfüge
über alle Schätze
des Geistes.
Warum kommt niemand zu mir
und berührt ein Buch?
Euer Herz ist eine Wüste
euer Kopf ist eine Wüste
das ganze Land ist eine Wüste.
Dieser trockene Anblick
macht mich unendlich
durstig.
Durst. Durst. Durst.
Gib mir Geld, Hans
ich verdurste.
Er legt sich auf den Boden des Zimmers.
SHAKESPEARE Der Tod des europäischen Geistes
findet auf einem proletarischen
Spannteppich statt.
Wohlan, ich verende.
Auf pflegeleichter Unterlage.
Shakespeare »stirbt«.
SHAKESPEARE Der Tod ist Warnung.
Daher ein letztes Wort.
Mit mir wird Odysseus sterben
Marco Polo und Francis Drake.
Rette sie, Hans.
Noch ist der Tod dieser Giganten
aufhaltbar
mit einer Flasche Bier.
Was ist?
Shakespeare »stirbt« ein zweites Mal.

SHAKESPEARE Die Wahrheit ist
    nichts hat mich je berührt.
    Keine Geschichte, kein Buch.
    Der Sand ist längst in mir.
    Ich krieche auf allen Vieren
    durch meine eigene Wüste.
    Ich schreie
    in meine eigene Stille.
    Rette mich, Hans.
    Ich möchte heute abend
    nicht an mir selbst
    zugrunde gehen.
    Hans geht zu seinem Sakko und nimmt die Brieftasche
    heraus. Er gibt Shakespeare Geld.
SHAKESPEARE Ich spüre die ersten Tropfen
    des ersehnten Regens.
    Ich höre das Rauschen des Meeres
    am Ende der Wüste.
    Komm, Bruder
    die feuchte Theke
    ist der neue Kontinent.
    Das Gasthaus ist voller Wunder.
    Die Armada wartet.
    Auf in den Suff.
    Zurück in die Literatur.
    Mesdames, Messieurs
    ich hoffe
    mein Auftritt
    der sogleich ein Abtritt
    sein wird
    wird Sie nicht daran hindern
    ihre Kopulation fortzuführen.
    Shakespeare geht ab. Anna zieht sich an. Der Pornofilm
    läuft weiter. Während Anna redet, drückt Hans den Ton-
    knopf der Fernbedienung langsam, aber beständig auf
    »lauter«.

ANNA Warum gibst du ihm Geld, Hans?
　　 Er wird wiederkommen.
　　 Jeden Abend wird er dastehen
　　 und Geld wollen.
　　 Warum geht er nicht weg
　　 von hier?
　　 Warum bleibt er als einziger
　　 in der Baracke?
　　 Nur wegen ihm
　　 kann man die Baracken
　　 nicht abreißen.
　　 Er kann doch in eine Sozialwohnung
　　 gehen
　　 oder ganz weg.
　　 Es ist ja schon ein Antrag
　　 gelaufen
　　 auf Entmündigung
　　 und Einweisung.
　　 Man kann doch nicht wegen ihm
　　 die Baracken stehen lassen.
　　 Ewig.
　　 Wir sind doch auch weg.
　　 Alle sind weg.
　　 Hans?
　　 Hans reagiert nicht.
ANNA Du kannst dich
　　 auf mich verlassen, Hans.
　　 Wenn ich die Augen offen habe
　　 habe ich ganz normale Vorstellungen
　　 vom Leben.
　　 Daß es sich mit den Rückzahlungen
　　 halbwegs ausgeht
　　 daß keiner seine Arbeit verliert
　　 und daß ich ein Kind haben werde.
　　 Ich darf meine Augen nicht zumachen.

Und du darfst nichts verschenken.
Was wir haben
haben wir.
Das kann uns niemand nehmen.
Was ist los, Hans?
Ist etwas
oder ist alles
normal?
Hans reagiert nicht. Anna nimmt die Muschel und be-
trachtet sie. Sie legt die Muschel an ihr Ohr.
ANNA Es ist schon schwer
keine Vorstellungen zu haben
wenn man das Meer so laut hört.
Anna schließt die Augen.
ANNA Jetzt ist schon wieder
das Schiff am Meer.
Es fährt in Richtung
Malediven.
Hans steht auf, nimmt Anna die Muschel aus der Hand
und wirft sie gegen die Wand. Die Muschel zerspringt.
Anna bekommt einen Lachanfall.

Fünfte Szene

Im Personalbüro des Stahlwerkes. Die Personalchefin sitzt
an ihrem Schreibtisch. Der Ordner – im schwarzen Man-
tel – steht hinter ihr. Hans steht vor dem Schreibtisch. Er ist
nervös, durcheinander. Die Personalchefin beobachtet ihn.

PERSONALCHEFIN Sprechen Sie jetzt.
HANS Ich heiße Hans Freiberger.
Man hat mir gesagt
daß ich gekündigt werde.
Das muß ein Irrtum sein.

Ich meine, das geht nicht.
Meine Frau, die Anna
hat das Kinderzimmer bestellt.

PERSONALCHEFIN Bevor Sie weiterreden.
Wenden Sie den Blick
von Ihrer privaten Situation
ins Allgemeine.

HANS Sie wünscht sich das Kind.
Kurzes Schweigen.

HANS Ich war immer fleißig.
Nachweisbar.

PERSONALCHEFIN Sie müssen
über das Persönliche
hinausdenken.

HANS Das Haus.
Es sind noch Raten
vom Haus offen.
Andere Raten
sind auch offen.

PERSONALCHEFIN Verlassen Sie
die Grenzen Ihrer Person.
Die Grenzen Ihres Arbeitsplatzes.
Die Grenzen Ihres Landes.
Denken Sie an Brasilien.
An Korea.
An Indien.
Immer mehr Öfen stehen
in diesen Ländern.
Immer mehr Stahl
ergießt sich aus diesen Öfen.

HANS Ich bin gut am Ofen.
Der alte Schmelzer
hat mich ausgebildet.
Jeder weiß
er ist der Beste.

PERSONALCHEFIN Sie sind gut.
  Sie werden besser werden.
  Sie werden der Beste sein.
  Sie werden Neue ausbilden.
  Immer größere Mengen von Stahl
  werden auf den Markt kommen.
  Das wird das Ende sein.
HANS Das Ende?
PERSONALCHEFIN Des Preises.
  Sie verstehen?
HANS Ja.
PERSONALCHEFIN Dann unterschreiben Sie
  die Kündigung.
HANS Warum ich?
PERSONALCHEFIN Es ist nicht persönlich.
ORDNER Nicht persönlich.
PERSONALCHEFIN Es liegt nicht an Ihnen.
  Es liegt am Markt.
  Wir müssen schlanker werden
  in den Kosten.
  Abspecken im
  Personalaufwand.
HANS Im Walzwerk ist einer
  der oft blaumacht.
PERSONALCHEFIN Sie kleben noch immer
  am Persönlichen.
  Der Faule, der Fleißige
  der Dicke, der Dünne
  der Reiche, der Arme
  Sie und ich
  alle müssen den Gürtel
  enger schnallen.
  In guten Zeiten
  geht es allen gut.
  In schlechten Zeiten

müssen alle Opfer bringen.
Sie stimmen mir zu?
HANS Sicher.
Wie es Lohnkürzungen
gegeben hat
habe ich
zu den Kollegen gesagt
alle müssen Opfer bringen.
Wie die Weihnachtskohle
ausgeblieben ist
und die Kollegen
sich aufgeregt haben
habe ich gesagt
die Wirtschaft
das sind wir alle.
Wenn es der Wirtschaft
schlechter geht
muß es uns
auch schlechter gehen.
Ich rede
zu den Kollegen
wie Sie jetzt
mit mir reden.
Ganz offen.
Wie die Tatsachen sind.
Hans wird immer sicherer.
PERSONALCHEFIN Sie sind ein denkender Mensch.
HANS Wie es geheißen hat
es soll
Entlassungen geben
habe ich mich
nicht aufgeregt.
Es haben sich einige
sehr aufgeregt.
Ich nenne

keine Namen.
Manchmal denke ich
eine gewisse Härte
täte denen
ganz gut
damit sie merken
es kann nicht immer
so weitergehen.
Ich habe einen Fortbildungskurs besucht.
Vor drei Monaten
bin ich
vom zweiten Helfer
zum ersten aufgestiegen.
Mit meinem Einsatz
können Sie immer rechnen.
PERSONALCHEFIN Sie sind ein tüchtiger Mensch.
HANS Ich sage immer
nur der Beste
kommt durch.
PERSONALCHEFIN Ihnen steht die Welt offen.
Sie hält ihm die Kündigung und den Kugelschreiber hin.
Hans ist völlig irritiert.
ORDNER Unterschreib.
HANS Ordner, du kennst mich.
Sag ihr
daß ich der bin
dessen Stahlproben
die besten Werte haben.
PERSONALCHEFIN Wir wissen es.
Wir bauen auf Sie.
Wenn die Arbeit Sie verläßt
werden Sie nicht
in Trauer verfallen
nicht in Müßiggang.
Sie werden nichts

Unbedachtes tun.
Sie werden nicht
in Gasthäusern herumlungern.
Sie werden dem Staate
nicht auf der Tasche liegen.
Sie werden der Arbeit folgen.
Wo immer sie auch sein mag.
Sie werden sie finden.
Weil Sie ein intelligenter
und tüchtiger Mensch sind.
Und weil Sie
dieses gewisse Flexible
an sich haben.

HANS Ich will nicht weg
von hier.
Meine Frau, die Anna
hat hier eine Arbeit
in der Waschmaschinenfabrik.
Sie hat immer so Flausen
im Kopf.
Aber wenn's darauf ankommt
ist sie ein guter Kerl.
Der alte Schmelzer ist auch hier.
Und das Haus.
Und der Shakespeare, der Säufer.
Und das Kinderzimmer ist auch bestellt.
Ich will nicht kündigen.

PERSONALCHEFIN Niemand will Sie kündigen.
Wir wollen mit Ihnen reden.
Und wir wollen Sie überzeugen.
Reden wir noch einmal vom Markt.
Der Markt steht über den Menschen.
Er folgt nicht ihren Gesetzen
er folgt seinen eigenen.
Er ist wie die Gestirne

am Firmament.
Was immer die Menschen den Sternen erzählen
von einer Anna
die etwas im Kopf hat
von einem betrunkenen Shakespeare
von einem bestellten Kinderzimmer
es erreicht sie nicht
es berührt sie nicht.
Keine Anrufung
keine Geschichte
kein Schicksal
kann den Weg der Gestirne
verändern.
Wir müssen das zur Kenntnis nehmen.
Sie müssen das zur Kenntnis nehmen.

HANS Ich habe nichts
gegen den Markt.
Ich habe nichts
gegen die Sterne.
Oben und unten
wird es immer geben.
Ich sage immer
jeder soll sein
wo er ist
und wie er ist.
Ich bin
in dieser Stadt.
Ich bin
ein Stahlarbeiter.

Die Personalchefin verändert ihren Ton. Sie nimmt ein
Bündel Geldscheine aus der Schublade und hält es Hans
hin.

PERSONALCHEFIN Hören Sie. Sie waren zehn Jahre im
Werk. Hier sind zehn Tausender. Ein Tausender für jedes
Jahr. Diese Abfertigung ist gesetzlich nicht vorgeschrie-

ben. Es ist ein Entgegenkommen der Firma. Wenn Sie die
Kündigung jetzt unterschreiben, gehört das Geld Ihnen.
Wer weiß, wie es in einer Woche aussieht.
*Sie nimmt einen Schein in die Hand und hält ihn Hans
hin.*

PERSONALCHEFIN Tausend für das erste Jahr.

HANS Ich bin vom Land
   in diese Stadt gekommen.
   Mein Vater hatte
   eine kleine Tischlerei
   im Dorf.
   Am Abend
   und am Sonntag
   hat er sich immer
   in die Werkstätte eingesperrt
   und Figuren geschnitzt.
   Aber die Bauern
   wollten nur Sautröge
   und Schlafzimmereinrichtungen.
   Ich war ein dickes
   und lustiges Kind.
   Der Vater
   hat uns Kinder
   immer aus der Werkstätte gejagt.
   Hier wird gearbeitet
   hat er gesagt
   nicht gespielt.
   Meine Mutter hat gesagt
   bald haben wir keine Arbeit mehr
   weil er immer mehr Sachen macht
   die niemand braucht.
   Im Neunundsechziger Jahr
   ist der Vater aufs Klo gegangen
   und die Mutter hat gesagt
   wo bleibt er denn so lange

geh nachschauen.
Da bin ich
nachschauen gegangen
und habe gesehen
wie sich der Vater
aufgehängt hat
an der Oberlichte.
Mein älterer Bruder
hat die Werkstätte übernommen.
Er hat auf Schleiflack
umgestellt.
Ich bin
in die Fabrik gegangen.
Am Anfang
war es sehr hart.

PERSONALCHEFIN Tausend für das zweite Jahr.

HANS Die Kollegen
haben immer gelacht
weil mir vom Bier
so schwindlig geworden ist.
Die Gratismilch
habe ich auch nicht
vertragen.

PERSONALCHEFIN Tausend für das dritte Jahr.

HANS Der alte Schmelzer
hat immer gesagt
wartet nur
dem wird der Knopf
noch aufgehen.

PERSONALCHEFIN Tausend für das vierte Jahr.

HANS Das Schlimmste
waren die Nachtschichten.
Um Mitternacht
wenn der Schmelzer
den Ofen geöffnet hat

und die Montur
zu rauchen begann
bin ich
so müde geworden.
Ich wollte einfach
in den Ofen gehen.
Wenn du nirgends zu Hause bist
habe ich gedacht
dann wenigstens
da drinnen.
Der Schmelzer
hat mich
vor das Tor geschickt
das Gesicht
mit Schnee abreiben.
Wie ich zurückgekommen bin
hat er mich
am Hals gepackt
und meinen Kopf
ganz nahe
an den Ofen gehalten
und wieder
hinausgeschickt.
Heiß kalt.
Immer heiß kalt.
Wenn du den Unterschied
nicht mehr merkst
hat er gesagt
bist du durch.

PERSONALCHEFIN Tausend für das fünfte Jahr.

HANS Der Italiener
hat eine tote Maus
in sein Wurstbrot gelegt.
Er hat gesagt:
Du hast keine Alte

die dir ein Wurstbrot macht.
Beiß ab
von meinem.
Wie ich abgebissen habe
haben sie alle gebrüllt
vor Lachen.
Ich habe die tote Maus
so lange im Mund gelassen
bis keiner mehr
gelacht hat.
Drei Tage später
habe ich das Rad
vom Italiener
an einer Traverse
angeschweißt.
PERSONALCHEFIN Tausend für das sechste Jahr.
HANS Das war das Jahr
mit der Iris.
Die Iris war Kellnerin.
Und die Anna
war im selben Gasthaus.
In der Küche.
Jede Nacht
habe ich auf die Sperrstunde gewartet
und die Iris gefragt
ob sie mich hinaufnimmt
ins Zimmer.
Wie sie nein gesagt hat
habe ich bis in der Früh
weitergesoffen.
Oft ist die Anna
bei mir gesessen
und hat gesagt
die Iris
das ist eine Schlechte.

Für die Anna
gibt es nur gute
und schlechte Menschen.
Um sechs Uhr
bin ich ganz besoffen
in die Frühschicht gegangen.
Der Schmelzer
hat mich auf eine Bank
im Pausenraum gelegt
und mit dem Mantel
zugedeckt.
Wie der Schichtmeister
auf Kontrolle
gekommen ist
und nach mir
gefragt hat
hat der Schmelzer gesagt
der sitzt am Scheißhaus.
Der hat den Durchmarsch
von der Gratismilch.
Der Schichtmeister hat gelacht
und ist gegangen.
Nach sechs Wochen
wo ich jede Nacht
zur Iris hinaufwollte
habe ich der Anna
einen Heiratsantrag gemacht.
Wir haben geehelicht
und für den Fall
daß ein Kind kommt
gleich mit dem Bauen
angefangen.
Der Kredit
war sehr günstig.
PERSONALCHEFIN Tausend für das siebente Jahr.

HANS Da ist einer
    von unserer Partie
    verbrannt.
    Der Erwin.
PERSONALCHEFIN Tausend für das achte Jahr.
HANS Ich durfte das erste Mal
    selbständig
    die Legierungen einschießen.
    Wie der Bericht vom Labor
    gekommen ist
    hat mir der Schmelzer
    auf den Kopf gehauen
    den Zettel hochgehalten
    und geschrien.
    Könnt ihr euch
    an den fetten Trottel
    vom Lande erinnern
    der vor acht Jahren
    zu uns gekommen ist?
    Schaut her.
    Das beste Ergebnis seit Monaten.
    Ich bin mir vorgekommen
    wie bei »Einer wird gewinnen«.
    Der Kandidat steigt über eine Treppe
    setzt sich auf einen Stuhl
    alles wird dunkel.
    Nur sein Gesicht ist beleuchtet.
    Er bekommt eine Frage
    und er weiß die Antwort.
    Mit einem Schlag wird es hell
    und die Menschen
    jubeln ihm zu.
PERSONALCHEFIN Tausend für das neunte Jahr.
HANS Ich habe
    den Fortbildungskurs besucht.

Man will ja
schwarz auf weiß haben
wer man ist
und was man kann.

PERSONALCHEFIN Tausend für das zehnte Jahr.

HANS Ich weiß
die Wirtschaft
ist in Schwierigkeiten
aber ich bin
zum ersten Helfer
aufgestiegen.
Bei mir
ist alles in Ordnung.

PERSONALCHEFIN Nehmen Sie das Geld.
Unterschreiben Sie die Kündigung.

ORDNER Nimm endlich.
Verschwinde endlich.

Die Personalchefin drückt Hans das Geld in die Hand.
Hans betrachtet das Geld. Schweigen.

PERSONALCHEFIN Hundertzwanzig von euch
müssen freiwillig gehen.

Schweigen. Hans betrachtet das Geld und schüttelt den
Kopf.

HANS Bei mir ist alles in Ordnung.

Er wirft der Personalchefin das Geld ins Gesicht. Der
Ordner beobachtet die fassungslose Personalchefin und
unterdrückt ein Lachen. Die Personalchefin nimmt eine
Peitsche aus der Lade ihres Schreibtisches. Die Szene
verwandelt sich in einen Horrorfilm. Während der fol-
genden Sätze schlägt die Personalchefin erst auf Hans,
dann auf den Ordner ein.

PERSONALCHEFIN Warum klebt ihr an den Öfen
als wäre der Staub euer Atem
und die Hitze eure Nahrung?
Ihr seid eine Flut

aus Fleisch und Ohnmacht.
Ihr seid Insekten
die im Lichte
des glühenden Stahls
um sich schlagen
bis sie verbrennen.
Euer Tod
riecht nach stinkendem Fleisch.
Ich kenne eure Gesichter
diesen geschlagenen Teig
von Kindheit an.
Ich stamme aus euren Dörfern.
Ich stamme aus euren Familien.
Ich schleppte mit euch
das Essen
an den Rand des Ackers
und trank mit euch
aus halbleeren Flaschen.
Eure Späße
eure Annäherungen
kleben noch heute
auf meiner Haut.
Ich ging
als Mädchen vom Lande
in die Stadt.
Ich putzte den Dreck
der besseren Leute.
Ich ertrug den Speichel
der Debilen
in Erziehungsheimen.
Ich habe studiert.
Euren schnapsverseuchten Küssen
euren stinkenden Genitalien
wollte ich nie wieder
begegnen.

Doch immer wieder
holt mich euer Geruch ein.
Ihr vermehrt euch wie Tiere.
Eure Kinder drängen sich
als williges Fleisch
in den Personalbüros.
Warum geht ihr nicht?
Warum geht ihr nicht endlich
aus meinem Leben?

*Der Ordner greift schnell nach dem eisernen Brieföffner,
der auf dem Schreibtisch der Personalchefin liegt. Die
Personalchefin greift ebenfalls danach. Der Ordner ist
schneller. Der Ordner skalpiert die Personalchefin.*

PERSONALCHEFIN Hilfe! Hilfe!

HANS Hilfe! Hilfe!

Anna. Schmelzer. Shakespeare.
Helft mir.
Ich will nicht kündigen.

*Der Horrorfilm ist aus. Die Personalchefin setzt sich
wieder an ihren Schreibtisch. Der Ordner legt den Brieföffner auf den Schreibtisch und stellt sich hinter die Personalchefin. Die Personalchefin spricht sachlich mit
Hans. Das Blut rinnt ihr übers Gesicht.*

PERSONALCHEFIN Niemand will Sie kündigen.

Wir wollen mit Ihnen reden.
Wir wollen Sie überzeugen.
Reden wir noch einmal
vom Markt.
Der Markt steht über den Menschen.
Er folgt nicht ihren Gesetzen
er folgt seinen eigenen.
Er ist wie die Gestirne
am Firmament.
Was immer die Menschen
den Sternen erzählen

es erreicht sie nicht.
Es berührt sie nicht.
Wir müssen das zur Kenntnis nehmen.
Sie müssen das zur Kenntnis nehmen.
Hans beobachtet die blutende Personalchefin. Er beginnt zu lachen.

Sechste Szene

Kurz vor Mittag, in der Kantine des Stahlwerkes. Am Plafond hängen Videokameras. Hans sitzt mit der Kellnerin an einem Tisch. An einem der Nebentische sitzt William Shakespeare. Er ist bleich und zittrig und schaut immer wieder zu Hans herüber. Die anderen Tische sind unbesetzt. An der Stirnseite stehen einige Tische, welche mit weißen Tüchern bedeckt sind. Darunter befindet sich ein kaltes Buffet. Hans starrt auf sein Bier. Er ist etwas angetrunken.

HANS Ist die Welt ungerecht
    oder ist sie nicht ungerecht?
KELLNERIN Ja, ja.
HANS Bin ich gut am Ofen
    oder bin ich nicht gut am Ofen?
KELLNERIN Ja, ja.
HANS Warum
    sagt der Schichtmeister
    zu mir
    Hans sagt er
    du hast die Kündigung
    nicht angenommen.
    Mach was du willst.
    Geh spazieren.
    Sauf dich an.

Leg dich vor die Halle.
Ich kann dir
keine Arbeit geben.
Ich darf dich
nicht einteilen.
Warum?

KELLNERIN Das fragst du mich schon
den ganzen Vormittag.

HANS Warum?
Warum werde ich
nicht eingeteilt?

KELLNERIN Was fragst du mich?
Ich habe die Welt
nicht gemacht.
Mich fragt ja auch keiner
wo ich bleibe.

Hans schaut die Kellnerin an.

HANS Wo bleibst du?

KELLNERIN Immer übrig.
Immer
sitzt einer von euch
bei mir
und erzählt mir
daß er Schulden hat
und daß seine Frau
ihn nicht versteht.
Wenn ich einen verstehe
dann hat er am Wochenende
keine Zeit.

HANS Meine Frau
die Anna hat
das Kinderzimmer bestellt.
Sie hat keine Arbeit mehr
weil die Waschmaschinenfabrik
nach Spanien verlegt wird.

Was ich weiß
macht man in Spanien
Urlaub.
Wieso gibt es dort
eine Waschmaschinenfabrik?
KELLNERIN Noch ein Bier?
HANS Sie hat keine Arbeit.
Ich habe eine Arbeit
aber ich darf nicht arbeiten.
Ist die Welt ungerecht
oder ist sie nicht ungerecht?
Shakespeare, du Saufkopf.
Komm her.
*Mit einer Geschwindigkeit, die man dem alten Mann
nicht zugetraut hätte, kommt er an den Tisch von Hans
und setzt sich zu ihm und der Kellnerin.*
HANS Shakespeare
warum ist die Welt
wie sie ist?
Shakespeare schaut Hans mit bittenden Augen an.
HANS Wenn der Hund
reden soll
hält er das Maul.
Sonst hat er es
immer offen.
*Hans schiebt sein Bier zu Shakespeare hin. Shakespeare
trinkt es in einem Zug aus.*
HANS Warum?
SHAKESPEARE Die Welt.
Die Welt.
Bitte Hans
noch ein Bier.
HANS Noch ein Bier
für den Herrn.
KELLNERIN Hans, wenn der einmal anfängt.

Du brauchst jetzt dein Geld
für dich selber.
HANS Ich kann mir leisten
was ich will.
Kellnerin, noch ein Bier
für Herrn Shakespeare.
Die Kellnerin steht auf und holt ein Bier.
HANS Shakespeare, paß auf.
Du sitzt seit vierzig Jahren
in der Bibliothek.
Wenn du mein Bier
ausgetrunken hast
will ich genau wissen
warum die Welt so ist
wie sie ist.
Die Kellnerin bringt das Bier. Sie stellt es vor Shake-
speare hin. Er schaut das Bier an. Er rührt es nicht an.
HANS Sauf.
Shakespeare nimmt das Bier und macht einen zaghaften
Schluck.
HANS Ich habe dir gesagt
du sollst saufen.
Shakespeare trinkt das Bier aus. Er schaut Hans an.
Schweigen.
HANS Warum?
Stille.
SHAKESPEARE *leise* Danke für das Bier.
Der alte Schmelzer, der Italiener und Ursus kommen in
die Kantine. Sie gehen auf den Tisch von Hans zu.
HANS Schmelzer
sie lassen mich nicht
zu dir.
Sag ihnen
daß du mich brauchst.
Sag ihnen

daß du ohne
deinen ersten Helfer
nicht arbeiten kannst.
Ich bin drei Stunden
vor der Halle gestanden.
Ich habe mein Ohr
an die Stahlwand gepreßt.
Manchmal habe ich gedacht
ich höre deine Rufe.
Die Arbeiter setzen sich an den Tisch von Hans. Die
Kellnerin holt ihnen Bier.

HANS Schmelzer, mach was.
Ich halte das
nicht lange aus.
Schmelzer schweigt.

ITALIENER *zu Hans* Sei ruhig.
Sie haben Ringo
ins Personalbüro geholt.
Die Kellnerin stellt mehrere Flaschen Bier auf den Tisch.
Shakespeare trinkt in unbeobachteten Momenten aus
den Flaschen. Der Italiener legt ein paar Videokassetten
auf den Tisch.

ITALIENER Neue Pornos.
Neuer Horror.
Wenn das so weitergeht
wird sich bald keiner mehr
die Filme leisten können.
Es soll ein Jugoslawe
in der Stadt sein
der billige Pornos macht.
Gegen meine
kommt er nicht an.
Bei mir kommt immer
eine Geschichte vor.
Ursus nimmt eine Videokassette in die Hand.

URSUS Was ist das für ein Film?

ITALIENER Lies den Titel.

URSUS Im Schoß der Frau.
Was kommt da vor?

ITALIENER Leben und Tod
du Roßapfel.
Du Rauschkind.
Der Schoß der Frau
das heiße Loch
spuckt dich in die Welt.
Ein Leben lang
kniest du
vor der Nachbarin
vor der Sekretärin
vor der Verkäuferin
vor dem behaarten Ofen
und bettelst
um den heißen Aufenthalt.
Und wenn du stirbst ...

URSUS Ich komme in den Himmel.

ITALIENER Sei nicht so katholisch
du dumpfer Landmensch.
Der Himmel
ist die größte Vagina.
Ein geiler Dauerbrandofen.
Von Ewigkeit zu Ewigkeit.
Nichts als Damen und Samen.
Amen.
*Der Italiener lacht. Ursus schaut ihn mit großen Augen
an.*

URSUS Ich will nicht
in den Schoß der Frau.

ITALIENER Wieso?

URSUS Ich habe gedacht
dort ist es kühl.

Beim Ofen
ist es immer
nur heiß.
Der Italiener klopft Ursus mit der Videokassette auf den
Kopf und lacht. Ringo kommt in die Kantine. Alle
schauen zu ihm hin.
RINGO Sieg, Kollegen
Sieg.
Ich habe die Personalsau
fertiggemacht.
Wenn du am Sonntag
spazierengehst
habe ich ganz ruhig
zu ihr gesagt
dann kommt Ringo
mit dem heißen Eisen
und fährt dich über den Haufen.
Und wenn du nicht genug hast
und dein Maul noch immer aufmachst
dann kommt Ringo wieder
immer wieder
immer wieder.
Numerier deine Knochen
damit der Petrus weiß
wie er dich
zusammensetzen soll.
Wenn Ringo dich fertigmacht
kennt dich nachher
nicht einmal
dein eigener Hund.
Er knallt drei Tausender auf den Tisch.
RINGO Kellnerin, bring das Beste.
Soviel die Kollegen wollen.
Ich zahle alles.
Die Kollegen starren auf das Geld. Schweigen.

SCHMELZER *leise* Steck das Geld ein, Ringo.
  Schweigen.
RINGO Shakespeare, du.
  Wieviel willst du saufen?
  Eine Kiste
  zwei Kisten?
SCHMELZER *schreit* Steck das Geld ein.
  Schweigen. Ringo steckt langsam das Geld ein. Plötzlich
  setzt er sich auf Schmelzers Schoß und klammert sich an
  ihn.
RINGO Schmelzer, hilf mir.
  Ich will nicht weg von dir.
  Der Stuhl mit Schmelzer und Ringo fällt um. Schmelzer
  kriecht auf dem Boden. Ringo hält sich an ihm fest.
SCHMELZER Warum nehmt ihr
  meine jungen Söhne
  einen nach dem anderen
  von mir?
  Warum nehmt ihr nicht mich
  das alte Fleisch?
  Ich koste keine Abfertigung.
  Keine Arbeitslose.
  Keine Notstandshilfe.
  Ich gehe freiwillig
  in den Ofen.
  Verbrannt bin ich schon lange.
  Als meine Frau mich verließ
  verließ ich freiwillig
  alle Aufstiege.
  Ich habe mit dem Feuer des Ofens
  mein eigenes erstickt.
  Als mein Sohn mich
  nicht mehr sehen wollte
  schlief ich sechs Wochen
  auf der Schlacke.

Ich bin wieder hinaufgegangen.
Zurückgekehrt
bin ich nie.
Ich bin der Ast
den man gedankenlos
verheizen kann.
Nehmt mich.

Stille. Man hört nur Ringos Schluchzen. Shakespeare
trinkt aus den umherstehenden Bierflaschen.

SHAKESPEARE Du bist zu wenig, Schmelzer.

Der Ofen hat jetzt Appetit.
Mit jedem Haar
das er versengt
mit jeder Haut
die an ihm klebt
wächst sein Hunger.
Jetzt kommt die Zeit
der langen Totenlisten.

SCHMELZER *schreit* Halt dein Maul, du Hund.

Noch leben wir.

SHAKESPEARE Verzeiht, Herr Schmelzer.

Ihr seid der Herr der Hölle.
Ich nur ihr Chronist.

Schmelzer geht zur Stirnseite des Raumes und reißt das
weiße Tuch vom Buffet. Flaschen mit Sekt, Wein, Bier,
Mineralwasser, belegte Brötchen kommen zum Vor-
schein.

KELLNERIN *schreit* Schmelzer, geh weg.

Das ist das Buffet
für heute abend.
Es findet eine Aussprache
zwischen den Betriebsräten
und der Geschäftsführung
statt.

SCHMELZER *lacht* Das?

Das ist Brot
von unserem Fleisch.
Wein
von unserem Blut.
Wir wollen nicht mehr
gefressen werden.
Wir fressen uns selber.

Er öffnet eine Flasche Sekt und gießt sich den Inhalt über den Kopf. Ringo, Hans, Ursus, der Italiener und Shakespeare stürzen, als wäre ein Kommando erfolgt, zum Buffet. Sie fressen und saufen in sich hinein. Die Kellnerin beobachtet die Szene. Der Ordner kommt in die Kantine.

ORDNER *schreit* Seid ihr wahnsinnig geworden?
Hört sofort auf.
Wenn ihr nicht sofort aufhört
mache ich Meldung
in der Geschäftsführung.
Es wird Lohnkürzungen geben.

Ringo stimmt ein Lied an. Die anderen fallen in das Lied ein.

ORDNER *schreit* Ich setze euch alle
auf die Liste.

Ursus schlägt den Ordner mit einem Faustschlag zu Boden. Shakespeare kniet sich auf die Brust des Ordners.

SHAKESPEARE Und wenn sie alle
auf der Liste sind
wer kommt denn dann?
Die Listen sind entsetzlich hungrig.
Die Listenschreiber
sind dann dran.

Shakespeare gießt dem Ordner Bier auf den Kopf. Der Ordner wirft Shakespeare ab und steht auf.

ORDNER Schmelzer
sie zwingen mich.

Wenn nicht genug Namen
auf der Liste sind
schicken sie mich wieder
hinunter.
Ich weiß nicht mehr
wen ich aufschreiben soll.
Ich bin doch einer von euch.
Die Arbeiter grölen das Lied. Der Ordner nimmt eine
Flasche Wein und wirft sie gegen die Wand.

ORDNER Ich bin einer von euch.
Er grölt mit den anderen. Die Kellnerin kommt mit Kü-
bel, Schaufel und Besen und versucht Ordnung zu ma-
chen, mitten in der Zerstörung. Shakespeare steht neben
dem Schmelzer, er zeigt auf ihn.

SHAKESPEARE Schau her, Hans.
Das ist die Welt.
Ein ohnmächtiges Geschrei.
Ein Ast, der in die Grube fällt.
Und ein zerquetschtes Ei.
Shakespeare zerdrückt ein Ei am Kopf des Schmelzers.
Der Schmelzer stößt ihn von sich. Shakespeare steigt auf
einen Tisch. Er schreit gegen das Gegröle der Arbeiter an
und zeigt auf sie.

SHAKESPEARE Die Schweine schreien laut
wenn sie gezerrt von ihren Schlächtern
zur Schlachtbank gehen.
Doch still verdaut ihr Fleisch
im Magen der Genießer.
Ich empfehle
ihr brüllenden Herren
das Studium der Geschichte.
Wer seid ihr schon?
Ihr seid nur zornig
alle fünfzig Jahre.
Ihr kommt mit Sensen und Gewehren

legt Feuer an die Macht
und glaubt doch schon am nächsten Tage
es sei vollbracht.
Wer seid ihr schon?
Selbst als Paris
schon euch gehörte
sank eure neue Welt
am Friedhof Père Lachaise
ins Gräberfeld.
Wer seid ihr schon?
Ihr seid das Schlachtvieh
der Geschichte
seit neuestem mit Eigenheim.
Ihr klebt mit Duldnerblicken
auf fremdem Leim.
Wer seid ihr schon?
Ihr seid im besten Falle
die Erinnerung
an den mißlungenen Versuch.
Vom Feuer, das ihr lodern laßt
bleibt nur ein Rauchgeruch.
Er lacht.
SHAKESPEARE Wer bin ich schon?
Der Narr, der alles besser weiß.
Ich bohre mit dem Bleistift des Chronisten
ins eigne Eis.
Er gießt sein Bier über die Grölenden und lacht.

Siebte Szene

Im Wohnzimmer des Einfamilienhauses von Hans und Anna. Die beiden sitzen auf einer Couch und sehen fern. Es läuft eine Quizsendung. Neben Anna, auf der Couch, sitzt eine große billige Plastikpuppe. Anna näht ein Kleid.

ANNA Ich verstehe das nicht.
    Jetzt habe ich schon wieder
    die Regel.
HANS Sei ruhig.
ANNA Ich bin ganz ruhig, Hans.
    Ich denke immer darüber nach
    was wir tun müssen
    damit wir nicht
    aus dem Haus müssen.
    In einer Illustrierten
    habe ich gelesen
    es kann auch
    am Mann liegen
    wenn er zuwenig
    Samen hat.
    Mit dem Geld
    das wir noch haben
    könnten wir einen Teil
    von den Zinsen
    vom Baukredit zahlen.
    Vielleicht sagt die Bank dann
    die Hausversteigerung ab.
    Kannst du nicht
    zum Arzt gehen
    einen Samentest machen?
HANS Du sollst ruhig sein.
ANNA Ich kann ja
    noch mehr putzen.
    Oder in die Vermietung gehen.
    Es gibt jetzt Firmen
    die vermieten dich
    für drei Stunden
    oder einen Tag
    oder sogar eine Woche.
    Man muß nur zu Hause sitzen

und auf das Telefon
warten.

HANS Sei endlich ruhig.

ANNA Es geht sowieso nicht
ohne Telefon.
Kannst du dich erinnern
wie ich dir versprochen habe
daß ich die Augen offenhalte
damit ich keine Vorstellungen habe?
Jetzt habe ich die Augen
immer offen.
Aber Vorstellungen
habe ich trotzdem.
Ich sehe die Baracke
wo wir als Kinder waren.
Beim Ofen war es so heiß
aber durch die Fenster
hat es kalt hereingezogen.
Der Vater hat das Bier
immer ins Fenster gestellt
und es ist im Winter
oft eingefroren.
Wenn seine Partei
an die Macht kommt
hat er geschrien
wird kein Arbeiter mehr
ein aufgetautes Bier
saufen müssen.
Ich will nicht zurück
in die Baracke.

HANS Du kannst
ganz ruhig sein.
Am besten ist
wir machen beide
die Augen zu.

Dann kann uns niemand finden.

Anna schließt die Augen. Hans holt ein dickes Papier-
bündel aus seiner Tasche.

HANS Schau her.

Was ist das?

Anna schaut die Scheine an.

ANNA Was ist das?

HANS Lottoscheine.

Anna steht auf und geht zur Kredenz. Sie nimmt die
Brieftasche heraus. Die Brieftasche ist leer.

ANNA Das Geld.

Das letzte Geld.

HANS Wenn ich sage
du kannst ruhig sein
dann kannst du ganz
ruhig sein.
Vor zwei Wochen
waren es sechzehn Millionen.
Vorige Woche
dreiundzwanzig Millionen.
Ich habe alles
genau überlegt.
Die Trafikantin bekommt
zwanzigtausend.
Damit sie nicht herumredet
wenn die Verständigung kommt.
Ich ziehe
mein Arbeitsgewand an
und nehme die Arbeitstasche.
Von außen
schaue ich aus
wie ein normaler Arbeiter.
Ich fahre in die Zentrale
und hole die Millionen ab.
Ich gehe in die Bank

zum Kreditschalter.
Warum haben Sie
auf die letzten drei Briefe
nicht reagiert
schnauzt mich der Beamte an.
Ich packe ihn am Kragen
ziehe ihn über die Budel
und sage Kusch
nicht frech werden
sonst kommst du
ins Erziehungsheim.
Was bin ich schuldig
frage ich
obwohl ich genau weiß
daß noch
hundertdreiundsechzigtausendvierhundertzwölf
offen sind.
Ich lege zweihunderttausend
auf die Budel.
Stimmt schon
sage ich
der Rest ist fürs Kinderdorf.
Dann kaufe ich
den besten Anzug
gehe ins beste Gasthaus
und fresse
soviel ich hinunterkriege.
Nachher kaufe ich in der Apotheke
ein Abführmittel
»Virulent forte«.
Ich schlucke
alle Tabletten
hinunter.
Ich stelle mich
vor die Fabrik

und warte.
Wenn der Drang kommt
gehe ich
hinauf in die Direktion
hinein zum Generaldirektor
und scheiße ihm
auf den Schreibtisch.
Ich scheiße
und scheiße
und scheiße
aber nicht alles.
Ich gehe
hinunter
ins Personalbüro
und scheiße
was ich noch habe
der Personalchefin
auf die Akten.
Ich gehe zur Halle
und hole den Schmelzer
den Italiener
und den Ursus
vom Ofen.
Den Shakespeare
hole ich auch
aus der Bibliothek.
Wir kaufen uns
einen Amerikaner
mit Anhänger.
Im Anhänger
ist ein riesiger Kühlschrank.
Und der Shakespeare
ist auch im Anhänger.
Wir holen Ringo
vom Schießplatz

wo er jetzt immer ist
und ab gehts
in Richtung Riviera.
Wenn einer von uns
Durst hat
bleiben wir stehen
und Shakespeare bringt uns
die besten Getränke.
Was kostet die Welt
sage ich
wenn ein Fremder
blöd daherredet
und stopfe ihm
ein paar Tausender
ins Maul.

ANNA Warum fährst du nicht mit mir
auf die Malediven?

HANS Das nächste Mal
fahre ich mit dir.
Hans nimmt sein Feuerzeug und hält eine Hand über die Flamme.

HANS Wenn die glauben
daß man einen
der neunzig Grad
erlebt hat
von heute auf morgen
abservieren kann
dann sind die
schwer im Irrtum.
Ich komme wieder hoch.
Ich werde es allen zeigen.
Hans schreit auf. Anna umarmt ihn.

ANNA Nimm mich mit, Hans.
Nimm mich mit.

HANS Nur wer hart ist

kommt durchs Leben.

Der Quizmaster aus der Fernsehsendung kommt mit sei-
nen zwei Assistentinnen ins Wohnzimmer von Hans und
Anna. Das Wohnzimmer verwandelt sich. Glitzernde
Atmosphäre. Die Verwandlung und das folgende Spiel
gehen sehr schnell über die Bühne.

QUIZMASTER Das ist die richtige Einstellung für unser
Spiel »6 aus 45«. Fünfundvierzig brauchen eine Arbeit,
aber nur 6 können eine bekommen. Nur wer hart ist,
kommt durchs Leben. Wir befinden uns jetzt im Wohnzimmer unserer nächsten Kandidaten, des Ehepaars
Hans und Anna Freiberger. Unser Hans Freiberger ist
vor einigen Wochen fristlos entlassen worden, weil er in
der Werkskantine randaliert hat, und die liebe Anna hat
ihre Arbeit verloren, weil ihre Fabrik in den sonnigen
Süden gezogen ist. Schulden haben die beiden natürlich
auch jede Menge, und die Delogierung steht vor der Tür.
Die beiden sind wirklich ganz unten. Aber sie wollen ihr
Schicksal selbst in die Hand nehmen. Sie wollen wieder
hochkommen. Ein ideales Paar für unser Spiel »6 aus
45«. Fünfundvierzig brauchen eine Arbeit, aber nur
sechs können eine bekommen. Liebe Uschi, liebe Barbara, ihr zwei bringt jetzt die Anna Freiberger hinter die
Bühne, bis später, und wir, lieber Hans, ich darf Sie doch
beim Vornamen nennen, stürzen uns ins Gefecht. Sie
kennen die Spielregeln von »6 aus 45«? Ich stelle Ihnen
eine Reihe von Fragen, und Sie antworten mit Ja oder
Nein. Wenn Sie Nein sagen, sind Sie leider ausgeschie-
den, wenn Sie Ja sagen, bleiben Sie im Rennen. Nach jedem Ja schlagen Sie sich selbst ins Gesicht, nicht zu heftig, es ist ja ein Spiel, aber auch nicht zu zaghaft. Alles
auf freiwilliger Basis. Auf los gehts los. Sie sind bereit?
Hans nickt.

QUIZMASTER »6 aus 45«. Fünfundvierzig brauchen eine
Arbeit, aber nur 6 können eine bekommen. Sind Sie be-

reit, auf 10 Prozent Ihres bisherigen Lohnes zu verzichten?

HANS Ja.

Er schlägt sich selbst ins Gesicht. Das Publikum applaudiert und lacht. Der Applaus und das Lachen kommen aus dem Fernsehapparat.

QUIZMASTER Auf 20 Prozent?

HANS Ja.

Er schlägt sich ins Gesicht. Das Publikum lacht und applaudiert.

QUIZMASTER Nicht so ernst, lieber Hans. Das Ganze ist ja ein Spiel. Auf 30 Prozent?

HANS Ja.

Hans schlägt sich ins Gesicht und lacht. Das Publikum lacht ebenfalls.

QUIZMASTER 40 Prozent?

HANS Ja.

Hans schlägt sich ins Gesicht und lacht. Das Publikum lacht mit.

QUIZMASTER Bravo, Hans, Sind Sie bereit, drei Stunden täglicher Fahrzeit auf sich zu nehmen?

HANS Ja.

Hans schlägt sich ins Gesicht und lacht. Das Publikum lacht immer lauter.

QUIZMASTER Vier Stunden?

HANS Ja.

Er schlägt sich ins Gesicht und lacht. Das Publikum lacht und lacht.

QUIZMASTER Sind Sie bereit, jede nur denkbare Arbeit anzunehmen? Tag oder Nacht? So weit sie von Ihrem Wohnort auch entfernt sein mag? So schlimm der Chef auch sein mag?

HANS Ja. Ja. Ja.

Hans schlägt sich ins Gesicht und lacht hysterisch.

QUIZMASTER Wunderbar, Hans. Das war die erste Runde, und Hans bleibt im Rennen.

Hans ohrfeigt sich mit beiden Händen und lacht. Das Publikum brüllt vor Lachen.

QUIZMASTER Das ist Spitze!

Die Assistentinnen Uschi und Barbara bringen drei Puppen herein. Jede Puppe hat eine Maske und einen Mantel.

QUIZMASTER Lieber Hans. Nach dieser bravourösen ersten Runde kommt jetzt die besonders schwierige zweite Runde. Passen Sie auf. Sie waren bereit, alles zu tun, um eine Arbeit zu bekommen. Sie wollen unbedingt unter die 6 aus 45. Aber auch andere sind dazu bereit. Nehmen wir zum Beispiel den hier. *Er zeigt auf eine Puppe* Sagen wir, das ist ein Arbeitskollege, mit dem Sie zehn Jahre zusammengearbeitet haben. Auch er ist jetzt arbeitslos, wie Sie. Auch er bewirbt sich um eine Stelle, und zwar um dieselbe Stelle wie Sie. Sind Sie bereit, Ihren Konkurrenten aus dem Feld zu schlagen, dann schlagen Sie zu! *Hans schlägt auf die Puppe ein. Die Puppe fällt mit einem komischen Geräusch zu Boden. Das Publikum applaudiert. Der Quizmaster zeigt auf die nächste Puppe.*

QUIZMASTER Und diese Puppe, Hans, ist Ihr eigener Bruder. Wenn Sie noch immer gewinnen wollen, dann schlagen Sie jetzt.

Hans schlägt auf die Puppe ein. Die Puppe fällt mit einem komischen Geräusch zu Boden. Das Publikum applaudiert. Der Quizmaster zeigt auf die nächste Puppe.

QUIZMASTER Jetzt, Hans, jetzt kommt das Schwerste. Werden Sie es schaffen? Werden Sie einen Arbeitsplatz gewinnen? Nicht nur Ihr Arbeitskollege, nicht nur Ihr Bruder, Ihre eigene Frau will Arbeit. Diese Puppe ist Ihre eigene Frau. Wollen Sie gewinnen, dann schlagen Sie jetzt!

Hans hebt die Hand. Die Puppe dreht sich um. Die Maske ist hinten. Das Gesicht von Anna ist vorne. Sie schaut Hans an. Stille. Hans läßt seine Hand sinken. Der Quiz-

master, die Assistentinnen, das ganze Drumherum ver-
schwindet wie ein Spuk. Anna umarmt Hans. Hans um-
armt Anna.

HANS Ich fahre zuerst
mit dir
auf die Malediven.

ANNA Ich sage dir immer
man braucht gar nicht
wirklich hinfahren.
Man muß sich nur
Vorstellungen machen.
Am schönsten ist
wenn wir uns miteinander
etwas vorstellen.

HANS Ich kann mir nicht
vorstellen
wie es
weitergehen soll.

ANNA Es wird
schon weitergehen, Hans.
Du gehst morgen
aufs Arbeitsamt.
Und ich gehe morgen
auf die Bank
und bitte noch einmal
um Aufschub.
Vielleicht kannst du dich
in der Fabrik
entschuldigen.
Und vielleicht kann ich
eine Näharbeit
dazukriegen.

HANS Wer bin ich
für dich, Anna?

ANNA Du bist der Liebste.

Du bist der Schönste.
Du bist der Größte.
Sie halten sich aneinander fest.

HANS Manchmal ist die Welt
so leicht.
Man glaubt
man braucht nur anstoßen
und sie springt vor dir her
wie ein Ball.
*Sie halten sich aneinander fest. Stille. Ein Mann im
Overall kommt in den Raum. Er beobachtet die beiden
und lächelt.*

DER MANN So was sieht man selten.
Ein glückliches Paar.
Die Frau ist schwanger.
Und das Kinderzimmer
ist schon unterwegs.
Vorwärts, Burschen.
Zwei Arbeiter tragen ein verpacktes Gitterbett herein.

HANS Wer ist der?

DER MANN *lacht* Wir sind
das bestellte Kinderzimmer.
Ein Gitterbett in Naturholz.
Zerlegbar.
Ein Kindertisch
mit Bastellade.
Ein ...
*Hans schüttelt immer wieder den Kopf. Plötzlich stürzt
er sich auf die Arbeiter und will sie mit aller Gewalt hin-
ausstoßen. Anna zieht ihn von den Arbeitern weg.*

ANNA *schreit* Bitte Hans.
Laß mir das Kinderzimmer.
Bitte Hans.
Von mir aus
können sie uns alles nehmen.

Das Haus
den Fernseher.
Überhaupt alles.
Aber nicht das Kind.
Nicht das Kind.

HANS *schreit* Was für ein Kind, Anna?
Was für ein Kind?
Die Arbeiter beobachten fassungslos die Szene. Ein Arbeiter bekommt einen Lachanfall.

Achte Szene

Im Hinterzimmer einer Jeans- und Digitaluhrenhandlung. Ein Jugoslawe hantiert an einer Videokamera. Ein Arbeiter sitzt völlig betrunken auf einem Stoß Jeans. Er spielt mit seinem Schwanz.

ARBEITER Du ausländisches Schwein.
Du Schweinemensch.
Mensch Kumpel
ich liebe dich.
Du mußt mir glauben, das Leben ist
ein Wahnsinn.
Ein Wahnsinn.

JUGOSLAWE Ja, Leben.

ARBEITER Soll ich es dir erklären, das Leben?
Das Leben ist, schenk nach.
Sonst bekomme ich
keinen Steifen.
Das Leben ist verkehrt.
Wenn du unten bist
total unten
bist du der Größte.
Deine Alte, das Schwein

hat dich verlassen, angenommen.
Du stehst allein in der Wohnung
und brüllst, du schreist.
Es stört niemanden.
Du selber bist auf einmal
die ganze Welt.
Du zerreißt alle Ansichtskarten
alle Städte, Sonnenuntergänge und Meere
ohne Einspruch.
Du verklebst deine Augen und bist blind
und mächtig.
Niemand verlangt von dir
daß du etwas siehst.
Das ist
Philosophie
Kumpel.

JUGOSLAWE Blind und mächtig.
Der Jugoslawe stellt einen Scheinwerfer auf.
ARBEITER Dieser Schwanz
der so ohnmächtig an mir herunterhängt
wird sich aus seinen Niederungen
ins Unendliche
erheben.
JUGOSLAWE Abspritzen erst auf Zeichen.
*Anna tritt auf. Sie ist stark geschminkt und trägt eine
Perücke und Sonnenbrille.*
ANNA *zum Jugoslawen* Sind Sie der?
Eine Kollegin hat gesagt.
Wegen Geldverdienen.
JUGOSLAWE Gut Mutti.
Alles fein Mutti.
ARBEITER Tscha, tscha, tscha.
ANNA Ist das der Herr mit dem?
Ich kenne mich beim Film
nicht so aus.

ARBEITER Herunter mit der Hosen.

  Hinein mit dem Franzosen.

  Scheiß der Hund aufs Feuerzeug.

  I am lonely tonight.

JUGOSLAWE Guter Mensch.

  Alles gute Menschen.

ANNA Es ist

  wegen der Reise auf die Malediven

  mit meinem Mann.

  Und es ist

  wegen dem nötigen Kleingeld.

ARBEITER Er steht.

  Er steht.

ANNA Ich gehe.

ARBEITER Gnädige Frau, ich bin

  Facharbeiter. Ich habe

  einen Spezialkurs

  auf der Montanistik besucht.

  Technisches Zeichnen.

JUGOSLAWE Guter Mensch.

  Alles gute Menschen.

ANNA Ich habe so etwas

  noch nie gemacht.

JUGOSLAWE Mit Musik.

  Es geht leichter.

  Der Jugoslawe drückt auf die Taste des Kassettenrekor-
  ders. Jugoslawische Volksmusik erklingt.

JUGOSLAWE Bitte Mutti.

  Freimachen.

  Anna zieht ihr Unterhöschen aus und verstaut es in ihrer
  Handtasche.

ANNA Wieviel verdient man

  dabei?

JUGOSLAWE Erst Arbeit

  dann Geld.

ANNA Wieviel? Ich kenne Bilder
   von Jugoslawien.
   Schön ist es
   da unten.
   So billig.
   Der Arbeiter kriecht auf allen Vieren auf Anna zu.
ARBEITER Schönheit
   ist nur die andere Seite
   des Drecks.
   Sie hat sich geschminkt
   für einen anderen.
   Sie hat gelacht
   bei der Betriebsfeier
   über seine Witze.
   Sie hat mir
   ihre Muschel gezeigt
   aber es war nur ein Loch.
   Des Meeres und der Liebe Wellen
   ich bin gebildet
   hat ein anderer genossen.
ANNA Muß man
   echt stöhnen?
JUGOSLAWE Jetzt ist schon Film.
   Mutti, blasen.
ANNA Es geht alles
   so schnell.
JUGOSLAWE Ja, schnell.
   Film ist teuer.
   Anna reinigt den Schwanz des Arbeiters mit ihrem Ta-
   schentuch und nimmt ihn in den Mund.
ARBEITER Bist du zurückgekehrt?
   Haben sie dir erzählt
   daß ich mitten am Betriebsgelände
   im verschlossenen Auto
   zwei Flaschen ausgetrunken habe?

Fernet Branca?
Der Meister
blickte durch die verschlossene Scheibe
dann der Personalchef
dann der Betriebspsychologe
dann die Werkspolizei.
Und ich hätte ihnen
doch nur eins
sagen können:
deinen Namen.
Hast du den Gestank
meines versengten Herzens
endlich in deine Nase bekommen?

JUGOSLAWE Mann schlecken.

Anna legt sich auf den Rücken und spreizt ihre Beine.
Der Arbeiter legt seinen Kopf zwischen ihre Beine. Der
Jugoslawe filmt die beiden.

JUGOSLAWE Jetzt ficken.

Der Arbeiter legt sich auf Anna.

ARBEITER Schweinemensch.
Ich kann nicht.

ANNA Ich auch nicht.

JUGOSLAWE Nur Schönes denken.
In meiner Heimat, Cres
geht die Sonne im Meer
unter.
Mit dem Boot hinausfahren
zur Stelle.
In das klare Wasser schauen
und die Sonne sehen
am Grund.
Nur Schönes denken.

ANNA Das Schönste war einmal
in meiner Zeit
als Küchenhilfe.

ARBEITER Das Schönste ist immer nur
   in meinem Kopf.
   Anna streichelt den Arbeiter. Er schläft mit ihr. Der Ju-
   goslawe kommt mit der Videokamera immer näher, um
   die Genitalien besser aufnehmen zu können.
ANNA Die Köchin hat mich immer
   zum Salatwaschen
   in den Hof geschickt.
   Eines Tages
   schaute der Baumeister
   durch das Klofenster
   und sah mich
   und den Salat.
   Er kam
   in den Hof
   nahm mich
   an der Hand
   und führte mich
   vorbei an der Köchin
   vorbei an der Wirtin
   vorbei an den Gästen
   zu seinem Tisch
   in der Gaststube.
   Er bestellte zwei Gläser
   Gin Fizz.
   Eines für ihn
   und eines für mich.
   Die Wirtin
   – die Kellnerin hatte dienstfrei –
   mußte mich bedienen.
JUGOSLAWE Jetzt abspritzen.
ARBEITER Die Berührung.
ANNA Noch nie.
ARBEITER Nach so langer Zeit.
ANNA In meinem Leben.

ARBEITER Wird nicht in den Himmel der Poesie verschrien.

ANNA Habe ich Gin Fizz getrunken.

ARBEITER Deine Wange.

ANNA Ich trank einen Schluck.

ARBEITER An meinem Ohr.

ANNA Und noch einen Schluck.

ARBEITER Ist mein Ohr.

ANNA Und wollte nicht, daß es aufhört.

ARBEITER An deiner Wange.

Der Arbeiter schreit auf. Er läßt sich auf Anna fallen. Beide liegen regungslos auf dem Boden. Der Jugoslawe nimmt eine Geige und spielt ein Lied.

JUGOSLAWE Stöhnen aufnehmen.

Erst du. Dann die Mutti.

Der Arbeiter und Anna stehen auf und setzen sich auf einen Stoß Jeans. Der Jugoslawe stellt ein Tonbandgerät vor sie hin.

ANNA Laut?

JUGOSLAWE Normal.

ARBEITER Ahhhh. *Zu Anna* Nichts für ungut.

ANNA Ahhhh. *Zum Arbeiter* Uns gehört das Einfamilienhaus in der Gasometerstraße. Nicht mehr.

ARBEITER Ahhhh. *Zu Anna* Ich heiße Franz Reiter, bin geschieden und arbeite als Akkordmesser im Werk. Nicht mehr.

ANNA Ahhhh. *Zum Arbeiter* Es war nicht so schlimm, wie man glaubt. *Sie stellt sich vor* Freiberger, Freiberger Anna.

ARBEITER Ahhhh. Darf ich Sie auf ein Getränk einladen? Ich bin bestimmt brav.

ANNA *lacht* Cola mit Bacardi?

ARBEITER *lächelt* Ahhhh.

ANNA Den kriegt man auf den Malediven.

Gratis. Wenn man ankommt.

Vom Reiseleiter.

JUGOSLAWE Nicht reden.
  Nur stöhnen.
ANNA Ahhhh.
ARBEITER Ahhhh.
ANNA Ahhhhh.
ARBEITER Ahhhhhhh.
  *Das gespielte Stöhnen von Anna und dem Arbeiter geht
  in ein Lachen über.*

Neunte Szene

*Im Zimmer einer Baracke. Im Zimmer ist nur die Einrich-
tung des Kinderzimmers. Hans sitzt im Gitterbett, er ist
ziemlich betrunken. Shakespeare liegt auf dem Fußboden,
auch er ist betrunken. Volle und leere Bierflaschen liegen
am Boden herum. Hans schaut sich einen »billigen« Porno
an. Er hat die Fernbedienung in der Hand und starrt auf
den Fernsehapparat. Shakespeare öffnet eine Bierflasche
und betrachtet die volle Flasche.*

SHAKESPEARE Das Schlimmste
  ist die volle Flasche.
  Das ganze Volle
  dieser Welt.
  Es steckt
  so wohlgeordnet
  in den Kisten
  und ist ganz blind
  vom Etikett
  und glaubt
  weil es am Markte ist
  an seine unumschränkte Nützlichkeit.
  Welch ein Irrtum!
  *Er trinkt die Flasche in einem Zug leer und betrachtet
  zufrieden die leere Flasche.*

SHAKESPEARE Die leere Flasche
   ist das einzig Wahre.
   Sie liegt am Straßenrand
   und sieht die Welt.
   Ihr fällt
   der Sonnenuntergang ins Auge
   sie kleidet sich
   im Staub des heißen Tages
   und wäscht sich
   wenn der Regen fällt.
   Sie ist der Friede
   im Geschrei.
   Ein Auge ohne Augenschlag.
   Sie spiegelt fremde Schritte
   sie hört das Laufen und die Tritte
   es ist nicht ihr
   zerstörter Tag.
   Er steht mühsam auf und sammelt vier leere Bier-
   flaschen ein.
SHAKESPEARE Mit der Einführung der Dose
   ist die Welt
   ja noch blinder geworden.
   Er geht zu Hans und stellt die leeren Bierflaschen auf den
   Fernsehapparat.
SHAKESPEARE Hans.
   Das sind meine Freunde
   die toten Dichter.
   Alles leere Flaschen.
   Er redet auf Hans ein. Hans reagiert nicht.
SHAKESPEARE *zeigt auf die erste Flasche* Nimm diese,
   Hans.
   Meinen Namensvetter
   William Shakespeare.
   Er war die größte
   aller Flaschen.

In ihm spiegelte sich
nicht eine Sommerwiese
sondern alle.
Alle Grillen in den Wiesen.
Alle Damen in den Wiesen.
Alle Helden und Pferde.
So still
so leer
so wertlos
lag er auf der Erde
daß alle Stimmen seiner Zeit
in seinem Bauche widerhallten.
Er goß sie aus
– das sanfte Liebeswort –
– die atemlose Schurkerei –
– so wie den lauten Todesschrei –
über die Köpfe der Einfüller
und verdammte sie
zur ewigen Wiederholung
ihrer Laute.
Als sich genug
in ihm gespiegelt hatte
zerschlug er sich selbst
so gründlich
daß man gar nicht weiß
ob diese Flasche
je am Leben war.
Shakespeare zeigt auf die nächste Flasche.
SHAKESPEARE Das sind die
Gebeine
von Heinrich Heine.
Er war die bleichste
aller Flaschen.
Man hat ihm deutsche Farben
aufgemalt.

Er trug sie lang
und sein Gesang
war gut.
Doch immer spürte man die Ironie.
So richtig deutsch
wurd dieser Jude nie.
Weil er vom Spotten
in der letzten Zeile
partout nicht ließ
warf man die Flasche bis Paris.
Später hat man seinesgleichen
einfach vergast.
Das war die Endlösung
der Flaschenfrage.
Shakespeare zeigt auf die nächste Flasche. Hans schaut
sich den Pornofilm an und reagiert nicht.

SHAKESPEARE Das ist Johann Wolfgang von Goethe.
Der Deutschen liebste Flasche.
Er wanderte vom Straßenrand
ins Ministerium.
Er war nie wirklich leer.
Er aß zu viele Butterschnitzel
ich mag ihn nicht so sehr.
Shakespeare zeigt auf die nächste Flasche. Hans reagiert
nicht.

SHAKESPEARE Das ist die Flasche Namenlos.
Ein junger Mann
vorm zweiten Krieg.
Es bliesen die Fanfaren der Geschichte
in sein Ohr
er schrieb Gedichte.
Er schrieb im Schützengraben.
Schrieb im Lazarett.
Er schrieb und schrieb
und glaubte an den Sieg

der Poesie.
Er kam vors Kriegsgericht.
Und in ein Rüstungswerk.
Er stapelte Patronen
und schrieb Gedichte
hinterm Eisenberg.
Der Sieg der Poesie
war schon ganz nah.
Da fiel die Eisenmulde
auf den Dichterkopf
krach bumm
die Poesie
war nicht mehr da.
Es blieben nur verstreute Worte
und wirrer Kommentar.
Die Flasche war zerschlagen.
Sie mußte ihre spitzen Scherben
im eignen Kopfe tragen.
Das tut sehr weh.
Shakespeare schaut Hans an. Hans reagiert nicht.
Schweigen.
SHAKESPEARE Ich werde dir
noch ein paar Kollegen vorstellen
Hans.
Shakespeare will ein paar leere Flaschen aufheben.
HANS Halt den Mund, Shakespeare.
Hans starrt zum Fernsehapparat. Er erkennt Anna in
dem billigen Porno. Er läßt den Videofilm mittels Fern-
bedienung vor- und zurücklaufen. Er betätigt die Zeitlu-
pentaste seiner Fernbedienung. Er wiederholt diese Vor-
gänge immer wieder. Shakespeare kommt zu ihm und
schaut zum Fernsehapparat. Auch er erkennt Anna.
Hans ist starr. Shakespeare schaut ihn an. Schweigen.
Shakespeare möchte Hans über den Kopf streicheln,
wagt es aber nicht.

SHAKESPEARE Komm zu den toten Dichtern, Hans.
Komm an den Straßenrand.
Wenn niemand dich
mehr liebt
wenn jeder Schritt
an dir vorbeigeht
und jedes Wort
den andern meint
geschieht das Wunder
deiner Auferstehung.
Du siehst die Welt
wie du sie nie
gesehen hast.
Ein schmerzenloses Schauen.
Du lächelst
wenn du Schreie hörst
und bleibst ganz still
im Grauen.
Stille.
Anna kommt in den Raum. Sie ist todmüde.
ANNA Ihr könntet wenigstens
die Flaschen wegräumen.
HANS Anna?
Komm her.
ANNA Ja, Hans?
HANS Hast du mich gern, Anna?
ANNA Ich bin müde, Hans.
Ich war den ganzen Tag
putzen.
HANS Wie gern, Anna?
Hast du mich so gern
wie ich dich
gern habe?
Hans steigt mühsam aus dem Gitterbett und torkelt auf
Anna zu.

HANS Weißt du
  daß ich dich so gern habe
  daß ich dich gleich haben will
  wenn ich dich sehe?
  Wenn du mich berührst
  dann spüre ich es
  von hier bis hier.
  Das ist bei keiner
  anderen Frau so, Anna.
  Das ist nur bei dir.
  Nur bei dir.
  Und du, Anna?
  Spürst du auch alles
  wenn du mich siehst?
  Nur bei mir?
  Nur bei mir?
  Hans umarmt Anna. Er will sie auf den Boden ziehen.
ANNA Hör auf, Hans.
HANS Ich soll aufhören, Anna?
  Warum, Anna?
  Ich bin doch der
  der dich so lieb hat.
  Ich habe dich schon immer
  so lieb gehabt.
  Wie du neben mir
  gesessen bist
  als ich zur Iris
  hinaufwollte
  habe ich mir gedacht
  eigentlich liebe ich die Anna.
  Wenn die Anna
  jetzt ein Wort sagt
  gehe ich mit ihr
  aufs Zimmer.
  Ich bin ganz zärtlich

zur Anna.
Ich ziehe sie
langsam aus.
Hans versucht, Anna auszuziehen. Sie wehrt sich. Hans
zieht sie mit Gewalt aus.
ANNA Bist du verrückt?
HANS Ich bin verrückt
nach dir, Anna.
Jetzt sitzen wir
seit Jahren
nebeneinander, Anna
und immer denke ich
wann gehört sie wirklich dir
die Anna?
Wann endlich
nimmt sie mich
ganz und gar
zu sich?
Anna beginnt zu schreien. Hans versucht, mit ihr zu
schlafen. Zwischen den beiden findet ein Kampf statt.
Shakespeare nimmt ein paar leere Bierflaschen und stellt
sie neben den Kämpfenden auf den Boden.
SHAKESPEARE *zu den Flaschen* Kollegen, was soll ich tun?
Was soll ich tun?
Er lacht hilflos vor sich hin.

Zehnte Szene

In der Jeans- und Digitaluhrenhandlung des Jugoslawen.
Es ist Mittag. Der Jugoslawe sitzt hinter einem Verkaufs-
tisch und döst vor sich hin. Der Kassettenrekorder spielt ju-
goslawische Volksmusik. Ringo kommt in das Geschäft. Er
hat eine paramilitärische Uniform an. Er schaut sich vor-
sichtig um. Er ist sehr aufgeregt. Er sieht die Geige des Ju-

goslawen und betrachtet sie lange. Er geht ganz nah zum
dösenden Jugoslawen und brüllt ihm ins Ohr.

RINGO Tagwache.

Du Geisterbahnschaffner.

Der Jugoslawe fällt halb vom Stuhl und springt auf. Rin-
go lacht wie ein verrücktes Kind. Der Jugoslawe schaut
Ringo mißtrauisch an.

JUGOSLAWE Was willst du?

Ringo wird unsicher. Er schaut immer wieder zur Tür.

RINGO Was kostet die Uhr?

JUGOSLAWE Nicht viel.

RINGO Und das Autoradio?

JUGOSLAWE Viel.

RINGO Die Ansichtskarte?

Der Jugoslawe wird immer mißtrauischer.

JUGOSLAWE Was willst du?

RINGO Nein. Sag schon

wieviel kostet die Ansichtskarte?

JUGOSLAWE Du geh weg

aus meinem Geschäft.

RINGO Geh du weg.

Hans, der Italiener und Shakespeare kommen ins Ge-
schäft. Shakespeare hat ein volles Bierkrügel in der
Hand. Hans starrt den Jugoslawen an.

DER ITALIENER *zum Jugoslawen* Ah, der Kollege

von der Schmutzkonkurrenz.

Macht billige Pornos.

Nimmt heimische Modelle.

Ruiniert mir das Geschäft.

Der Italiener geht auf das Regal mit den Videokassetten
zu und nimmt eine Kassette heraus. Er zieht das Band
aus der Kassette.

DER ITALIENER Schlechte Filme.

Keine Handlung.

Keine Phantasie.
Nur plumper Sex.
Der Jugoslawe stößt den Italiener weg.
DER ITALIENER Und plumpe Gewalt.
JUGOSLAWE Du laß das
in Ruhe.
RINGO Laß du unsere Frauen
in Ruhe.
Er soll unsere Frauen
in Ruhe lassen.
Du sollst unsere Frauen
in Ruhe lassen.
Der alte Schmelzer und Ursus kommen ins Geschäft. Ur-
sus zieht einen Schweißwagen mit zwei Flaschen und
Schweißbrenner über die Schwelle der Eingangstür ins
Geschäft. Schmelzer hat ein Stahlrohr und eine Rohr-
zange in der Hand. Ringo und der Italiener johlen beim
Eintreffen von Schmelzer und Ursus. Der Jugoslawe
wird immer nervöser.
JUGOSLAWE Ich brauche das nicht
im Geschäft.
Weg.
SCHMELZER Wir brauchen es
mein Freund
für eine kleine Demonstration.
Daß du die Frau
eines Kollegen
für einen Film
verwendet hast
hat uns sehr beeindruckt.
Wir haben uns gedacht
vielleicht können auch wir
dich beeindrucken.
HANS *zum Jugoslawen* Wo hat sie es gemacht, die Anna?
Hat sie es hier gemacht, die Anna?

SCHMELZER *zu Hans* Ruhig, mein Sohn.
  Ruhig.
SCHMELZER *zum Jugoslawen* Paß auf, mein Freund.
  Du hast uns die Filmbranche
  nähergebracht
  und wir zeigen dir
  etwas aus der Stahlbranche.
  Was ich hier in meiner Hand halte
  ist ein einfaches Stahlrohr.
  Ungefähr ein Meter lang
  zwei Zoll innerer Durchmesser
  vier Millimeter Wandstärke.
  Ein Ende offen
  eines geschlossen.
  Das hier ist eine Spezialzange
  wie man sie zum Halten
  erhitzter Werkstücke
  verwendet.
  Ringo, sperr die Tür ab.
  Schmelzer wirft die Zange dem Italiener zu. Ringo geht
  zur Tür und sperrt sie von innen ab. Der Jugoslawe will
  ins Nebenzimmer fliehen. Ursus hält ihn fest.
SCHMELZER Nicht so eilig
  mein Freund.
  Die Lektion
  hat erst begonnen.
  Hier siehst du
  eine komplette Schweißanlage.
  Bestehend aus dem Schweißwagen
  den beiden Flaschen
  Schläuchen
  sowie dem Kolben
  und dem sogenannten Brennereinsatz.
  Wir öffnen nun das Gasventil
  und entzünden das Gas
  am Ende des Brennereinsatzes.

Er entzündet das Gas mit einem Streichholz. Die Flamme brennt. Er dreht das Rad der Sauerstoffzufuhr langsam auf. Die Flamme wird kleiner und intensiver.

SCHMELZER Die eigentliche Schweißflamme
entsteht jedoch erst
durch die Zufuhr
von Sauerstoff.
Wir kommen nunmehr
zum Kern unserer Vorführung
dem sogenannten Anheizen.

Der Italiener zieht dem Jugoslawen die Hose hinunter und stülpt das Stahlrohr über den Schwanz des Jugoslawen. Er hält das Stahlrohr mit der Zange fest. Schmelzer hält die Schweißflamme an das geschlossene Ende des Rohres. Der Jugoslawe beobachtet starr die Vorgänge. Ursus hält ihn mit eiserner Kraft fest. Das Rohrende beginnt sich langsam zu erhitzen. Der Jugoslawe stöhnt.

HANS Wie hat sie gestöhnt, die Anna?
Mach vor.
Komm, mach vor.
Shakespeare beobachtet die Szene. Er zittert am ganzen Körper.

SHAKESPEARE Die Flamme leckt an Freund und Feind.
Sie hat kein Ohr.
Man kann sie nicht mehr rufen.
Mach sie aus, Schmelzer.
Schmelzer macht weiter.

SHAKESPEARE Schmelzer, hör auf!

SCHMELZER Shakespeare
komm her.
Nimm du den Kolben.

SHAKESPEARE Nein. Nein.
Ich zittere zu sehr.
Mein Kopf wird Feuer fangen.
Meine Gedanken

meine Worte
werden im Feuer verschwinden.
Macht die Flamme aus.
Wenn ihr nichts tut
ich trinke.
Ich bin ein einsamer
Löschzug.
Er trinkt sein Bier in einem Zug aus.
SCHMELZER Ringo, zeig ihm
was wir mit einem machen
der seinen Freunden
nicht beisteht.
*Ringo geht auf Shakespeare zu. Shakespeare drückt sich
an die Wand.*
RINGO Auf welcher Seite
stehst du?
SHAKESPEARE Das ist die Frage.
Wo immer ich gestanden bin
es hat nie ausgereicht.
Kaum stand ich froh
in Reih und Glied
und sang
da sprang
mir ein Gedanke ins Gemüt.
Schon bin ich eingeknickt.
Verzeih mir, Ringo.
Ich leide
an philosophischer Knieschwäche.
RINGO Schwätzer.
*Er packt Shakespeare am Genick und schleppt ihn zum
Schweißbrenner. Schmelzer preßt ihm den Kolben in die
Hand. Shakespeare zittert, der Kolben mit ihm.*
SCHMELZER Jetzt stehst du hier.
SHAKESPEARE Jetzt stehe ich hier.
Der Jugoslawe stöhnt.

SHAKESPEARE Kann man die Flamme
nicht ein wenig
kleiner drehen?
SCHMELZER Nein.
Die Flamme
ist nicht optimal.
Dreh weiter.
Shakespeare schaut zu Hans. Hans schaut ihn an.
SHAKESPEARE Der Kolben
ist erstaunlich kühl.
Vielleicht ist die Gewalt
nichts als ein Rad
das sich in Unschuld dreht
und fremde Lasten trägt?
*Er dreht das Rad der Sauerstoffzufuhr stärker auf. Die
Flamme wird intensiver. Der Jugoslawe stöhnt lauter.
Shakespeare schließt die Augen.*
SHAKESPEARE Ich spüre nur
den kühlen Kolben.
SCHMELZER Weiter.
*Er dreht das Rad noch stärker auf. Der Jugoslawe be-
ginnt zu schreien. Shakespeare öffnet die Augen. Die Ar-
beiter schauen ihn an. Sie lächeln und nicken ihm zu.*
SHAKESPEARE Ich wollt euch alles geben.
Ich habe vierzig Jahre
Bücher vor euch aufgehäuft.
Ihr seid den schönsten Bergen
dieser Welt
nur ausgewichen.
Ich habe nicht gewußt
wie leicht es ist
das Lächeln zu gewinnen.
Der Jugoslawe schreit.
SHAKESPEARE Was macht man nur
daß man im schönen Lächeln

das laute Brüllen
nicht mehr hört?
*Ursus läßt mit einer Hand den Jugoslawen los und greift
das Rohr an.*

URSUS Was brüllt der so?
Es ist noch gar nicht
richtig heiß.
Der Jugoslawe schreit.

HANS Die Anna. Die Anna.
Hat sie geschrien, die Anna?
Wie hat sie geschrien, die Anna?
Ich will es hören.
Ich will es hören.
*Shakespeare läßt den Kolben fallen, läuft zum Kühl-
schrank, nimmt eine Flasche Schnaps heraus und trinkt.
Schmelzer setzt eine Schutzbrille auf, nimmt den Kolben
und dreht das Rad der Sauerstoffzufuhr noch stärker
auf. Die Flamme erreicht ihre intensivste Hitze. Der Ju-
goslawe beginnt ein serbokroatisches Lied zu singen.
Ringo lacht und macht irre Bewegungen. Das Licht,
welches von der Schweißflamme und den Funken ausgeht, erhellt die ganze Bühne. Der Jugoslawe fällt zu Boden und schluchzt. Hans kniet nieder und schluchzt.
Schmelzer stellt das Gerät ab. Betretenes Schweigen.
Man hört nur das Schluchzen von Hans und dem Jugoslawen. Shakespeare kriecht auf allen vieren zu Hans.*

SHAKESPEARE Kann ich mit dir weinen, Hans?
Hans schaut kurz auf.

HANS Geh weg.
Shakespeare kriecht zum Jugoslawen.

SHAKESPEARE Mit dir, Bruder?
Kann ich mit dir weinen?
*Der Jugoslawe stößt Shakespeare weg. Shakespeare
kriecht in der Mitte des Raumes. Er schaut den Italiener,
Schmelzer und Ringo an. Einen nach dem anderen.*

SHAKESPEARE Und ihr?
   Darf ich mit euch lachen?
   Die drei schauen betreten weg.
SHAKESPEARE Nein?
   Dann lache ich eben allein.
   Shakespeare versucht zu lachen. Man sieht nur eine Gri-
   masse, man hört keinen Ton.

Elfte Szene

Das Wohnzimmer des Ministers für Arbeit und Wirtschaft
in der Bundeshauptstadt. Der Minister sitzt vor einem
Fernsehapparat und schaut sich die Videoaufzeichnung ei-
ner seiner Reden an, ohne Ton. Er betrachtet sein eigenes
Konterfei. Wenn ihm eine Miene oder eine Geste nicht ge-
fällt, stoppt er das Bild und übt die Geste oder Miene vor
dem Fernsehapparat. Dann läßt er das Bild wieder weiter-
laufen. Die Frau des Ministers und eine dicke amerikani-
sche Sängerin sitzen an einem Wohnzimmertisch und trin-
ken Kaffee.

DIE SÄNGERIN Meine letzte Rückführung war schrecklich.
   Sie führte mich nach Connecticut in das Jahr 1960. Ich
   war ein schönes junges Mädchen und lebte in einem einfachen Holzhaus am Rande des Waldes. In der Nähe war
   eine Siedlung, Engländer, die nach Amerika gekommen
   waren, um hier ein neues Leben zu beginnen. Aber sie
   waren schrecklich puritanisch, trugen immer schwarze
   Kleider, und auch am Sonntag gab es keinen Spaß. Meine Eltern waren schon tot, und ich hatte nur meine
   Freunde, die Indianer. Sie liebten mich, weil ich die Natur liebte wie sie. Die Engländer sahen in der Natur nur
   einen Feind, den sie besiegen mußten. Eines Tages ritt ein
   Engländer vorbei, ich badete gerade, natürlich nackt. Er

sah mich, und ich spürte sofort, daß er mich liebte und
gleichzeitig schrecklich haßte. Er verbreitete üble Geschichten über mich im Dorf, daß ich verrückt und ge-
fährlich sei. Ich verliebte mich in einen Indianer und bekam ein Kind von ihm. Die Frauen im Dorf glaubten, ich
hätte es mit einem ihrer Männer getrieben, und haßten
mich auch. Sie merkten nicht, daß dieses Kind von einem
Indianer war, so blind waren sie in ihrem Haß. Nun er-
schoß der Mann, der mich zufällig beim Nacktbaden
sah, einen anderen Mann aus dem Dorf bei der Jagd,
auch zufällig. Das Gerücht kam auf, ich hätte den Mann
verhext, und so wurde mir der Prozeß gemacht. Ich wurde zum Tode verurteilt. Sie haben mich auf die Erde gefesselt und Steine auf mich gelegt, immer mehr Steine.
Sie haben mich buchstäblich zerquetscht. Oh Gott, ich
sah aus wie ein Pfannkuchen.

MINISTER Elsa! Entschuldige bitte.

*Die Frau des Ministers steht auf und geht zu ihrem
Mann.*

MINISTER Wer ist diese Irre?

DIE FRAU Eine amerikanische Sängerin. Ich habe sie auf einer Kur kennengelernt. Sie macht Rückführungen.

MINISTER Sie macht was, bitte?

DIE FRAU Sie versetzt Menschen in Trance und führt sie in
ihr früheres Leben zurück. Sie war schon im Fernsehen.

MINISTER Bitte? Ich scheiße mich an.

DIE FRAU Außerdem, du wolltest doch Kontakt zu neuen
Bewegungen.

MINISTER Elsa, mein Schatz, kannst du so nett sein und ihr
sagen, sie soll ihren fetten Arsch ins Nebenzimmer rück-
führen. Ich mache gerade Kontrollübungen.

DIE FRAU Du bist und bleibst vulgär.

Es läutet im Vorzimmer.

MINISTER Aber natürlich. Ich bin vulgär. Ich habe eine Ge-
liebte. Ich sage in den eigenen vier Wänden Scheiße, so

oft es mir paßt. Scheiße, Scheiße, Scheiße, Scheiße,
Scheiße. Liebling, es hat geläutet.

*Die Frau des Ministers geht ins Vorzimmer. Der Minister
konzentriert sich wieder auf sein Konterfei am Fernseh-
schirm. Die amerikanische Sängerin singt den Beginn einer Arie aus der Oper »La Bohème« – das Sterbelied der
lungenkranken Mimi.*

DIE SÄNGERIN Ich liebe diese Oper. Und Sie, Minister?

MINISTER Ich liebe dieses Land, ich liebe meine Partei, ich
liebe meine Familie, und ich liebe die Oper. Geh scheißen, du fette Amsel.

DIE SÄNGERIN Was sagen Sie, Darling?

MINISTER Just a joke, darling.

*Die Frau des Ministers kommt mit Hans ins Wohnzim-
mer. Hans hat Anzug und Krawatte an, er ist rasiert und
gekämmt, trotzdem sieht er erbärmlich aus. Er wirkt ge-
brochen. Der Minister schaut ihn an.*

MINISTER Die nächste Figur im Raritätenkabinett. Wer ist
dieser Mensch?

DIE FRAU *lacht* Ein Arbeiter aus der Krisenregion. Er sagt,
er braucht Arbeit.

*Der Minister schaut seine Frau an, schaut Hans an,
schaut die amerikanische Sängerin an und schaut wieder
seine Frau an.*

MINISTER Wer liebt mich hier eigentlich? Kommt hier niemand auf die Idee, daß auch ich ein Mensch bin? Daß
auch ich etwas brauche? Wenn ich dieses Haus verlasse,
fragt mich mein Chauffeur, ob ich seinem Neffen nicht
zu einer Sozialwohnung verhelfen kann. Wenn ich ins
Parlament komme, will der Portier, daß ich bei der Bank
interveniere, damit sein Kredit verlängert wird. Im Büro
fragt mich mein Sekretär, ob er seiner Freundin nicht
einen Lehrauftrag verschaffen kann. Die Opposition
will meinen Rücktritt, die Journalisten wollen mir etwas
nachweisen und das Volk will Arbeitsplätze. Scheiße,

Scheiße, Scheiße, Scheiße. Weißt du, was ich will? Ich will nicht mehr leben. Aus, basta. Ich will nicht mehr leben.

DIE FRAU Bring dich um. Wenn du einen Termin frei hast.

MINISTER Danke.

Die amerikanische Sängerin schaut Hans von allen Seiten an. Hans ist total verunsichert.

DIE SÄNGERIN Er ist ein Medium. Ich sehe seine Aura. Wie heißt du, Darling?

HANS *in Richtung Minister* Ich heiße Hans Freiberger.
Ich bin gewesener Stahlarbeiter.
Der Herr Minister
hat im Fernsehen gesagt
bei ihm steht der Mensch
im Mittelpunkt.
Ich bin ein Mensch.
Er beginnt zu weinen.

HANS Und da habe ich gedacht
ich fahre zum Herrn Minister
und frage wegen einer Arbeit.
Ich habe nämlich
eine Vorladung wegen Körperverletzung
und das Kinderzimmer
steht in der Baracke.

MINISTER Ich verstehe nur Bahnhof.

Die amerikanische Sängerin nimmt Hans an den Händen und führt ihn zu einem Stuhl.

DIE SÄNGERIN Komm, Darling, beruhige dich. Relax.

Sie setzt ihn sanft auf den Stuhl.

DIE SÄNGERIN Wir machen jetzt eine Rückführung, ja? Schließ deine Augen und atme ganz ruhig und ganz tief. Ich will dir helfen. Dein ganzer Körper ist entspannt und ruhig. Die Gegenwart verläßt dich, dein Atem ist ruhig und tief. Ruhig und tief. Plötzlich siehst du vor deinem inneren Auge ...

HANS Die Anna.
  Die Anna hat auch keine Arbeit.
  Weil die Waschmaschinenfabrik
  nach Spanien gegangen ist.
  Ich war erster Helfer
  beim Schmelzer.
  Sie haben mir
  wegen der Kantinengeschichte
  die Fristlose gegeben.
  Den Ringo haben sie auch entlassen.
  Die Raten
  sind sich nicht mehr ausgegangen.
DIE SÄNGERIN Du mußt in dich gehen, Baby. Nicht nach
  außen, nach innen.
HANS Aber das Kinderzimmer
  war schon bestellt.
  Da ist die Anna
  zum Jugoslawen gegangen
  und hat einen Film gemacht.
  Wir wollten den Jugoslawen
  nur schrecken
  und jetzt habe ich
  die Vorladung.
MINISTER Ein soziales Minidrama. Ein paar unbezahlte
  Raten, eine kleine Körperverletzung. Das ist doch alles
  abgefrühstückt. Hundertmal dagewesen. Kommen Sie,
  Lady, machen Sie eine Rückführung mit mir. Ich werde
  euch zeigen, was Dramatik heißt.
  Er schiebt Hans vom Stuhl und setzt sich auf den Stuhl.
MINISTER Los, Lady, fangen Sie mit Ihrem Zauber an.
  *Die amerikanische Sängerin klatscht begeistert in die
  Hände.*
DIE SÄNGERIN Legen Sie Ihre Hände auf die Knie. Schlie-
  ßen Sie die Augen. Atmen Sie ruhig und tief. Ruhig und
  tief. Ruhig und tief. Sie denken nicht mehr an die Gegen-

wart, nur noch an die Vergangenheit. Ihr inneres Auge
öffnet sich ...

MINISTER Ich sehe. Ich sehe die Jahrhundertwende, aber
nicht wie sie in Büchern vorkommt oder bei Ausstellun-
gen, nein, ich sehe diese Zeit in ihrer ganzen sozialen
Schrecklichkeit. Ich sehe eine Stahlfabrik, ich sehe einen
Stahlofen, aber keinen von dieser modernen Sorte, wo
alles über Computer geregelt wird, ich sehe einen riesi-
gen eisernen Topf, in dem der Stahl brodelt, ich sehe
schwere Ketten von der Decke hängen, ich sehe Staub
und Finsternis, ich sehe die gequälten Gesichter der Arbeiter, und mitten in diesem Konglomerat von Stahl und
Staub und Schweiß und Finsternis sehe ich mich, einen
einfachen Arbeiter. Schwer schleppen die Frauen an den
Kübeln voll mit hartgewordener Schlacke, die Kinder
jammern zu ihren Füßen.

HANS Es gibt einen Werkskindergarten.

DIE SÄNGERIN Shut up, baby. Er ist drinnen. Er ist drinnen.

MINISTER Welch ein Inferno. Da plötzlich löst sich eine
Kette aus ihrer Verankerung, wir rennen und schreien,
doch die Kette fällt und fällt, und sie begräbt den Mann
neben mir. Wir ziehen mit vereinten Kräften die Kette
von seinem Leibe, noch atmet er, was tun?

HANS Der Betriebsarzt.

*Die amerikanische Sängerin macht ein Zeichen. Er soll
still sein.*

MINISTER Es gibt keine ärztliche Versorgung für die Unter-
sten der Unteren. Ein unbestimmter Zorn, eine innere
Aufwallung erfaßt mein Gemüt, ich nehme ein Brett, das
nächstbeste, wir legen den Körper des Zerschundenen
darauf, wir tragen ihn aus der Halle, noch lebt er, wir
tragen ihn über den Hof hin zum Hause des Unterneh-
mers. Wir gehen auf das Haus zu, die Wohlgerüche des
Reichtums umfangen uns, unsere Gesichter bleiben verschlossen. Wir pochen an die Tür des Hauses, es wird

uns nicht aufgetan, wir schlagen die Tür ein, wir hören
das Gekreische der davoneilenden Unternehmerin. Der
Unternehmer ist nicht da, er ist auf der Jagd. Wir legen
unseren sterbenden Freund ins feinste Damast, Bitternis
und Tränen kommen in uns hoch. Er stirbt. Und wieder
ist dieser Zorn, diese Aufwallung in mir, ich reiße einen
roten Vorhang vom Fenster, binde ihn an einen Stock
und laufe, der ich doch absolut keine Führernatur bin, in
den Hof und schreie: Unser Bruder ist tot! Unser Bruder
ist tot! Wieder hat der Kapitalismus, diese Satansfratze
der Menschheit, ein Leben zerstört. Aus allen Hallen
strömen die Arbeiter, sie schließen sich mir an, und wir
drängen durch das Fabrikstor auf die Straße. Da plötzlich vor uns, die berittene Polizei, die Büttel von Staat
und Kapital. Stille. Lange Stille. Die Büttel laden durch.
Und wieder Stille. Und wieder befällt mich der Zorn, die
Aufwallung. Ich halte die Fahne hoch, ich marschiere,
ich schreie. Brüder zur Freiheit, zur Sonne, und ein
Schuß fällt. Und der Schuß trifft mich. Langsam, eine
Ewigkeit langsam, fällt die Fahne zur Erde. Mein Atem
erlischt. Mein Auge bricht. Ich bin tot.

*Er öffnet die Augen. Die amerikanische Sängerin
klatscht begeistert. Der Minister springt auf.*

MINISTER Kinder, ich habe mich schon lange nicht mehr so
wohl gefühlt.

Er sieht Hans.

MINISTER Schau nicht so traurig, mein Freund. Was kann
ich für dich tun? Ich bin zu jeder Schandtat bereit. Ach
ja, du brauchst eine Arbeit. Sollst du haben. Sollst du haben.

*Er hakt sich bei Hans unter und marschiert mit ihm
durch den Raum.*

MINISTER Brüder zur Sonne, zur Freiheit. Auf in die neue
Zeit.

Er lacht.

Zwölfte Szene

Im Personalbüro des Stahlwerkes. Der neue Personalchef sitzt hinter seinem Schreibtisch. Hans sitzt vor dem Schreibtisch. Der Personalchef beobachtet Hans. Schweigen. Der Personalchef faltet ein Blatt Papier zu einem Flieger und läßt ihn segeln. Hans steht schnell auf, hebt den Papierflieger auf und legt ihn auf den Schreibtisch des Personalchefs. Der Personalchef schaut Hans mißtrauisch an.

PERSONALCHEF Warum haben Sie das Papier aufgehoben? Was wollen Sie mir damit beweisen? Wollen Sie sich durch diese devote Haltung bei mir beliebt machen? Wollen Sie mich damit bestechen? Wollen Sie sich anderen gegenüber einen Vorteil verschaffen? Soll ich über Unkorrektheit Ihrerseits hinwegsehen, weil Sie sozusagen mein Lieblingskind sind? Sehr verdächtig. Sehr verdächtig.
Er schaut Hans mißtrauisch an. Schweigen. Der Personalchef nimmt den Papierflieger und läßt ihn wieder segeln. Der Papierflieger landet auf dem Boden. Hans schaut hin, hebt ihn aber nicht auf. Der Personalchef schaut Hans an.
PERSONALCHEF Und was wollen Sie mir jetzt demonstrieren? Daß Sie es nicht notwendig haben, Ihrem Personalchef eine kleine Aufmerksamkeit zu erweisen? Sind Sie so sicher, so verdächtig selbstbewußt, weil Sie ein Protektionskind des Ministers sind? Wollen Sie mir damit signalisieren, daß Sie Ihre jetzige Position nur als vorübergehend betrachten? Daß Sie nach Höherem streben? Nach meinem Posten vielleicht? Sehr verdächtig, sehr, sehr verdächtig.
Der Personalchef schaut Hans mißtrauisch an. Hans ver-

steht nicht, was hier vorgeht. Schweigen. Plötzlich wech-
selt der Personalchef die Miene, lacht und schüttelt Hans
mit beiden Händen die Hand.

PERSONALCHEF Gratuliere, Sie sind der neue Ordner. Der
  Teufel weiß, wie Sie es geschafft haben, daß der Minister
  persönlich für Sie interveniert, aber Sie haben es geschafft. Die Strafsache gegen Sie wird aplaniert, Sie bekommen eine Sozialwohnung vom Werk, und Sie steigen
  ins Angestelltenverhältnis auf. Was sagen Sie jetzt?

HANS Wieso Ordner?
  Ich bin Stahlarbeiter.
  Ich will zurück
  zum Ofen.

PERSONALCHEF Das ist ja hochinteressant. Er will nicht
  hinauf, er will hinunter. Was ist der Zweck dieses
  Schachzuges? Wollen Sie mich und die Geschäftsführung desavouieren? Wenn der Minister nach zwei Wochen anruft und sich nach Ihrem Befinden erkundigt,
  dann sollen wir ihm wohl sagen, der Mann macht die
  dreckigste Arbeit im Werk? Wir sollen uns also einen mi-
  nisteriellen Verweis einhandeln, weil wir seinem Auf-
  trag, Ihnen eine anständige Arbeit zu verschaffen, nicht
  nachgekommen sind? Sehr raffiniert, sehr raffiniert.

HANS Nein, aber ...

PERSONALCHEF Aber was?
  Hans schweigt.

PERSONALCHEF Also gut. Sie sind der neue Ordner. Hier
  sind die Listen mit der Aufschrift »Minderleister«. Sie
  gehen durchs Werk und beobachten Ihre ehemaligen
  Kollegen bei der Arbeit.

HANS Aber das ist
  keine Arbeit
  wenn ich den Kollegen
  bei der Arbeit
  zuschaue.

PERSONALCHEF Das ist Hochleistungsarbeit. Unser ganzes
Gemeinwesen basiert auf dieser Aufteilung. Die einen
arbeiten, und die anderen kontrollieren sie. Wer zuwenig
leistet, kommt auf die Liste. Wer zu oft blaumacht, wer
zu viele Zigarettenpausen macht, wer gegen die Geschäftsführung mault, kommt auf die Liste. Wir brauchen Namen, Namen, Namen. Wir brauchen volle Listen. Jeden Tag kündigt ein Politiker in den Medien die
Entlassung von tausend oder zweitausend Arbeitern an.
Wir müssen darauf vorbereitet sein. Wir müssen diese
Menschen parat haben, verstehen Sie?

HANS Ja.

PERSONALCHEF Und was machen Sie mit einem, der zuviel
arbeitet? Der freiwillig Überstunden macht?

HANS Nicht aufschreiben.

PERSONALCHEF Sind Sie so sicher? Was will uns dieser
Mann mit seinem penetranten Fleiße beweisen? Will er
uns die Arbeit des Kündigens noch schwerer machen?
Will er mit seiner Schufterei dazu beitragen, daß immer
mehr unverkäuflicher Stahl produziert wird? Will er uns
in eine noch größere Krise hineintreiben? Er ist verdächtig, auf die Liste mit ihm. Haben Sie das System begriffen?

HANS Ich weiß nicht.

PERSONALCHEF Was halten Sie von einem Arbeiter, der zu
lange am Klo sitzt?

HANS Er hat Durchfall.

PERSONALCHEF Möglich. Wie Sie wissen, haben wir auf
den WCs keine Videokameras. Vielleicht schreibt der
Mann gerade einen Leserbrief an eine kommunistische
Zeitung? Vielleicht ist ihm aufgefallen, daß in den Ar-
beiterklos nur Zeitungspapier liegt, während die Ange-
stellten echtes Klopapier haben? Dem Mann ist nicht zu
trauen. Also verdächtig, also auf die Liste. Nächster Fall.
Ein Arbeiter verletzt sich, nicht zu schwer. Sagen wir, er

hat eine größere Schnittwunde am Arm. Was machen
Sie?

HANS Ich bringe ihn
zum Betriebsarzt.

PERSONALCHEF Natürlich bringen Sie ihn zum Betriebsarzt. Aber was halten Sie von einem Menschen, der unser Gesundheitssystem so extensiv in Anspruch nimmt?
Weiß er nicht, daß dieses System ohnehin kaum mehr zu
finanzieren ist? Will er den Sozialstaat vollends ausplün-
dern? Setzen Sie ihn auf die Liste. Begreifen Sie endlich,
worum es geht? Jeder ist verdächtig und alles ist verdächtig. Schauen Sie sich doch einmal in meinem Büro
um. Was fällt Ihnen auf?

Hans schaut sich um.

HANS Nichts.

PERSONALCHEF Und dieses Bild?

HANS Ein Baum.

PERSONALCHEF Ja. Ein Baum. Ein blühender Baum. Sieht
ziemlich unverdächtig aus, nicht wahr?

HANS Ja. Unverdächtig.

PERSONALCHEF So? Wieso blüht der Baum? Was will uns
der Künstler damit sagen? Will er uns darauf hinweisen,
daß dies einer der letzten blühenden Bäume ist? Will er
behaupten, daß alle anderen Bäume schon gestorben
sind oder sich gerade im Absterben befinden? Will er unsere ganze Industriegesellschaft in Frage stellen? Glaubt
er, daß unser ganzer Wiederaufbau, das ganze Hoch-
bringen eines Landes ein einziger Irrtum war? Schreiben
Sie ihn auf. Sind Sie verheiratet?

HANS Ja.

PERSONALCHEF Ich auch.

Er hält Hans ein Foto hin.

PERSONALCHEF Was halten Sie von meiner Frau?

HANS Sie spielt Klavier.

PERSONALCHEF In der Tat, sie spielt Klavier. Wenn ich

abends nach Hause komme, spielt sie Klavier. Jeden
Abend spielt sie Klavier. Was will sie mir damit beweisen? Daß ich ein Banause bin, der nichts als Wirtschaft
und Zahlen und Karriere im Kopf hat, während sie nur
für das Höhere, für die Kunst lebt? Seit Jahren schlafen
wir nicht miteinander. Will sie mir mit diesem allabend-
lichen Geklimper demonstrieren, daß ich ein sexueller
Versager bin? Hat sie einen Liebhaber, den sie untertags
trifft? Einen Studenten vielleicht, der sich das zeitlich
einteilen kann? Worüber redet sie mit ihm? Über Musik? Daß ich nicht lache. Man kennt doch diese Art von
Beziehungen. Er fällt über sie her. Sie fällt über ihn her.
Sie treiben es wie die Tiere. Und wenn sie abends brav
Klavier spielt, regeneriert er seine Sexualkraft, anstatt zu
studieren. Der Herr bekommt ja ein Stipendium, wir leben ja in einem Sozialstaat. Was halten Sie jetzt von meiner Frau? Und was ist mit mir? Was halten Sie von mir?
Bin ich nicht auch verdächtig?

HANS Ich weiß nicht.

PERSONALCHEF Denken Sie nach. Bis vor kurzem ist doch
hinter diesem Schreibtisch eine Frau gesessen. Warum ist
sie von heute auf morgen gekündigt worden? Warum
habe ich diesen Posten bekommen? Wußten Sie, daß die
ehemalige Frau Personalchefin nur Frauen mochte?
Vielleicht habe ich die Direktion mittels anonymer Briefe über diese lesbische Veranlagung aufgeklärt? Oder ist
sie geflogen, weil sie das Entlassungssoll nicht geschafft
hat? Lieber Herr, nehmen Sie endlich zur Kenntnis, der
Mensch ist eine Hölle. Er kann nur überleben, wenn er
den anderen aus dem Wege räumt. Sie wollen mich doch
auch aus dem Wege räumen, oder nicht?
Er schaut Hans durchdringend an.

PERSONALCHEF Aber ich werde Ihnen zuvorkommen. Ich
werde Sie aus dem Wege räumen.
Er zieht eine Pistole aus der Tasche und legt auf Hans an.

Hans hält die Hände vors Gesicht. Der Personalchef
drückt ab. Eine Flamme kommt aus dem Lauf der Pisto-
le. Die Pistole ist ein Feuerzeug.
PERSONALCHEF Zigarette?
Der Personalchef lacht aus vollem Herzen.

Dreizehnte Szene

In einer Sozialwohnung. Es ist Abend. Alles ist ordentlich
und sauber. Ein kaltes Buffet ist hergerichtet. Hans versieht
die Brötchen mit einem Tupfen Senf. Anna kommt aus der
Küche. Sie ist schwanger. Sie deckt den Tisch.

HANS Kannst du dich erinnern
    Anna
    was ich dir einmal gesagt habe?
    So einen wie mich
    der neunzig Grad erlebt hat
    den kann man nicht
    von heute auf morgen
    abservieren.
    Ich komme wieder hoch
    habe ich gesagt.
    Ich werde es allen zeigen
    habe ich gesagt.
    Habe ich das gesagt
    oder habe ich das nicht gesagt
    Anna?
ANNA Was machst du da, Hans?
HANS Wie der Minister
    mich geduzt hat
    da habe ich gewußt
    jetzt geht es aufwärts.
    Und es ist aufwärtsgegangen!

Bist du jetzt zufrieden, Anna?
Ist es so
wie du es dir vorgestellt hast?
ANNA Ich habe gedacht
daß wir den Senf daneben legen.
Wer einen Senf will
nimmt ihn selber.
HANS Ich meine das Leben, Anna.
ANNA Was ist mit dem Leben, Hans?
HANS Bist du zufrieden, Anna?
ANNA Schon.
Hans hält Anna am Hinterkopf fest.
HANS Ich will wissen
ob du wirklich zufrieden bist, Anna.
Manchmal möchte ich da
hineinschauen können.
Ich will sehen
ob du noch immer
so Vorstellungen hast.
Gehst du noch immer
durch den Wald?
Siehst du noch immer Traumschiffe?
ANNA Ich habe keine Vorstellungen mehr, Hans.
Er läßt sie los.
HANS Heutzutage
darf man keine Vorstellungen haben.
Ist das Bier eingekühlt, Anna?
ANNA Ja, Hans.
HANS Eiskalt hat es der Schmelzer
am liebsten.
Seit ich Ordner bin
redet er nicht mehr mit mir.
Aber das ist nur vorübergehend.
Das ändert sich.
Das ändert sich.

Ich kenne
den alten Sturkopf.
Wie ich ins Werk gekommen bin
vor zehn Jahren
da war das genauso.
Kein Wort hat er
mit mir geredet.
Und dann bin ich
sein Bester geworden.
Sein Lieblingssohn
wie er immer sagt.

ANNA Wo bleiben deine Freunde, Hans?
Sie müßten längst
hier sein.

HANS Reg dich nicht auf, Anna.
Die kommen schon.
Du wirst sehen, die kommen.
Jedem habe ich eine Einladung
in den Spind gelegt.
Auf jeder Einladung steht
Essen und Trinken
und bei Trinken
steht in Klammern:
unbegrenzt.
Hans lacht. Anna schaut ihn an.

ANNA Sie werden nicht kommen, Hans.

HANS Kümmere dich lieber
um die Gulaschsuppe.
*Anna geht in die Küche. Hans schaut immer wieder auf
die Uhr. Er nimmt ein Bier und trinkt. Anna kommt mit
der Suppe ins Zimmer und stellt den Topf auf den Tisch.
Schweigen.*

ANNA Was ist jetzt, Hans?
Schweigen.

HANS Stell die Suppe

wieder auf den Herd
sonst wird sie kalt.
*Anna nimmt den Suppentopf und will in die Küche ge-
hen. Es läutet an der Wohnungstür. Hans atmet erlöst
durch und lächelt. Anna stellt den Topf wieder auf den
Tisch.*

HANS Schnell.
Zünde die Tischkerzen an.
*Anna zündet die Tischkerzen an. Hans geht zur Woh-
nungstür und öffnet sie. Shakespeare steht vor der Tür.
Er ist betrunken, nimmt sich aber sehr zusammen. Er
hat einen Strauß Blumen in der Hand. Er hat sich »fein«-
gemacht, sieht aber trotzdem ziemlich desolat aus.*

HANS Shakespeare, du?
Wo sind die andern?

SHAKESPEARE Welche anderen?

HANS Schmelzer, Ringo.
Der Italiener, Ursus.
Wo sind sie?

SHAKESPEARE Ach die?
Die kommen später.

HANS Wieso später?

SHAKESPEARE Ich meine
sie kommen gleich.

HANS Shakespeare, alter Kumpel.
Komm herein.
Schau, Anna, wer da ist.
Unser alter Freund Shakespeare.
Shakespeare geht langsam in den Raum.

SHAKESPEARE *zu Anna* Guten Tag.
Schön ist es hier.
Sehr nett.
Er reicht Anna die Blumen.

ANNA Danke.
Shakespeare macht eine komische Verbeugung.

HANS Das wäre wirklich nicht
notwendig gewesen.
Komm her, alter Freund
setz dich.
Anna, unser Gast hat Hunger.
Anna gibt Suppe auf Shakespeares Teller. Hans hält ihm
ein Brötchen hin.
HANS Iß, Shakespeare, iß.
Es ist genug da.
Und jetzt erzähle.
Wie geht es dir immer?
Mir geht es ja inzwischen ganz gut
wie du siehst.
Bitte, es ist kein eigenes Haus
aber immerhin.
Die Wohnung hat Schlafzimmer
Wohnzimmer, Kinderzimmer.
Und Nebenräume.
Also Vorzimmer, Abstellraum
und so weiter.
Die Betriebskosten
sind sehr niedrig.
Sehr niedrig.
Shakespeare kaut an seinem Brötchen und bringt keinen
Bissen hinunter.
HANS Hast du Durst, Shakespeare?
Warum sagst du nichts?
Anna, unser Gast hat Durst.
Ein Bier für Herrn Shakespeare.
Anna stellt Shakespeare eine Flasche Bier hin. Hans
schaut die Bierflasche an.
HANS Aber nicht
diese einfache Marke.
Anna, bring was Besonderes.
Anna nimmt die Flasche und geht zur Küchentür. Sie
schüttelt den Kopf.

HANS Nicht wahr, Shakespeare
heute feiern wir
unsere Auferstehung.
Da gehört eine
besondere Marke
auf den Tisch.
Anna macht Hans ein Zeichen.
ANNA Hans, bitte.
Hans steht auf.
HANS *zu Shakespeare* Wenn die Chefin ruft
gibt es keine Widerrede.
*Hans geht zu Anna. Die beiden unterhalten sich halb-
laut.*
ANNA Was für ein
besonderes Bier, Hans?
Es gibt nur das.
HANS Ich habe dir doch gesagt
du sollst für meine Freunde
nur das Beste einkaufen.
ANNA Deine Freunde
werden nicht kommen, Hans.
HANS Du wirst sehen
sie werden kommen.
*Shakespeare steht auf und geht leise – von Hans und
Anna unbemerkt – aus der Wohnung.*
ANNA Ich weiß nicht
wie es bei dir
in der Fabrik ist, Hans.
Du erzählst mir ja nichts.
Aber seit du Ordner bist
redet niemand mehr
in der Siedlung
mit mir.
Früher habe ich gedacht
wenn ich ein Kind habe

wenn ich dich habe
wenn wir unser Auskommen haben
dann brauche ich
keine anderen Menschen.
Jetzt habe ich das alles
und jetzt spüre ich
daß ich sie doch brauche.
Ich wünsche mir so
daß sie mich fragen
wie es meinem Kind geht
wie es mir geht
oder einfach nur
wie unsere neue Wohnung
aussieht.
Es ist so still da draußen.
Seit so viele gekündigt werden
habe ich das Gefühl
keiner redet mehr
mit dem anderen.
Sie werden nicht kommen, Hans.
HANS Sie müssen kommen.
Ich werde ihnen
alles erklären.
Warum ich Ordner
geworden bin.
Nicht wegen mir, Anna.
Nicht wegen mir.
Wegen dir, Anna.
Und wegen dem Kind.
So ist das.
Man kann eine schwangere Frau
nicht in der Baracke lassen.
Das werden sie verstehen.
Und dann werde ich sagen
glaubt ihr wirklich

daß ich euch
auf die Liste setze?
Ich setze alle auf die Liste
aber euch nicht.
Und der Schmelzer
wird mich in die Arme nehmen
und sagen:
mein Sohn, ich sehe
ich habe dir unrecht getan.
So wird das sein.
Anna schaut Hans an. Stille. Schweigen. Es läutet an der
Wohnungstür.

HANS Sie kommen wirklich.
Hans läuft zur Wohnungstür und öffnet sie. Shakespeare
steht draußen. Er taumelt in die Wohnung und umarmt
Hans.

SHAKESPEARE Komm in meine Arme, mein Sohn.
Ich bin Schmelzer
der Unbedeckte.

HANS *schreit* Hör auf, Shakespeare!
Hans stößt Shakespeare von sich.

SHAKESPEARE Ich bin Schmelzer
der Unbedeckte.
Mein Kopf ist frei.
Ich brauche die Luft
zwischen mir und der Gefahr.
Alle Scheiße kommt von oben.
Mein Kopf riecht sie
und ich springe zur Seite.
Shakespeare hüpft in der Wohnung umher. Er will Hans
zum Lachen bringen.

HANS Bitte, Shakespeare, hör auf!

SHAKESPEARE Ich bin Schmelzer.
Hier in der Hölle
bei neunzig Grad

    bei meinen Söhnen
    riecht es endlich nicht mehr
    nach Scheiße.

HANS Du bist nicht Schmelzer.
    Du bist Shakespeare.

SHAKESPEARE Wo sind meine Söhne?
    Einen nach dem anderen
    nehmen sie von mir.
    Ich bin der Ast
    den man gedankenlos
    verbrennen kann.
    Setz mich auf die Liste, Hans.
    Ich gehe freiwillig in den Ofen.
    Verbrannt bin ich schon lange.

HANS Nein. Nein.

SHAKESPEARE Nein?
    Immer bleibe ich übrig.
    Ich bin der Herr der Hölle.
    Ich bin unsterblich.
    Hans schreit. Plötzlich packt er Shakespeare am Hals
    und würgt ihn.

HANS Schmelzer! Schmelzer!

SHAKESPEARE *ringt nach Luft* Ich bin nicht Schmelzer.
    Ich bin Shakespeare.

HANS Schmelzer!
    Du bist nicht unsterblich.
    Sie haben mir befohlen
    dich auf die Liste zu setzen.
    Wenn du weg bist
    dann ist das Herz getroffen.
    Dann erlischt der Ofen.
    Dann stirbt das Werk.

SHAKESPEARE *ringt nach Luft* Hans. Hans.
    Hans läßt Shakespeare los. Shakespeare fällt zu Boden
    und ringt nach Luft. Anna hilft ihm.

HANS Schmelzer
wie kannst du glauben
daß ich dich
auf die Liste setze?
Nein, Schmelzer.
Das werde ich nicht tun.
Weißt du, was ich tun werde?
Ich werde mich
auf die Liste setzen.
Das werde ich tun.
Er lächelt.

Vierzehnte Szene

*Dunkle Bühne. Hans steht an der Rampe und schaut ins
Publikum. Er hat den schwarzen Mantel des Ordners an
und die Liste in der Hand. Er schreibt seinen Namen auf
die Liste. Er legt die Liste auf die Rampe. Die Liste bleibt
bis zum Ende des Stückes dort liegen. Hans dreht sich um.
Er steht mit dem Rücken zum Publikum. Die Bühne wird
langsam heller. Man sieht einen mehrere Meter hohen, bir-
nenförmigen Topf – den Hochofen. Eine Wendeltreppe
führt um den Hochofen. Oben ist eine Brücke. Der dunkel-
rote Widerschein des kochenden Stahls erhellt die Bühne.
Alle Personen des Stückes stehen auf der Bühne. Neben
dem Ofen stehen der Quizmaster mit seinen beiden Assistentinnen, der Schmelzer, Ringo, der frühere Ordner, der
Minister und seine Frau, die Personalchefin, der Arbeiter
aus der Pornoszene, die amerikanische Sängerin und Ursus. Auf der Wendeltreppe stehen der Italiener, der Jugoslawe, die Kellnerin, Shakespeare und Anna. Oben auf der
Brücke steht der Personalchef. Hans geht von einem zum
anderen. Er nimmt Abschied. Der Quizmaster drückt ihm
die Hand und klopft ihm auf die Schulter.*

QUIZMASTER Sie waren wirklich gut. Sie hätten es beinahe
  geschafft.
  Hans lächelt und geht weiter. Er bleibt vor Schmelzer
  stehen. Schmelzer wendet sein Gesicht ab.
HANS Warum bist du nicht gekommen, Schmelzer?
  Als ich ein Kind war
  und mein Vater
  am Fensterkreuz hing
  habe ich mir gedacht
  nun weiß ich
  daß du sterben kannst
  aber jetzt komm bitte
  wieder herunter.
  Er ist nicht heruntergekommen, Schmelzer.
  Warum bist du nicht gekommen, Schmelzer?
  Stille.
HANS Warum hast du mich verlassen?
  Hans lächelt und geht weiter. Er steht vor Ringo.
HANS Ringo
  spielst du mir ein Abschiedslied?
RINGO Tut mir leid, Hans.
  Nach meiner Entlassung
  habe ich die Klarinette
  in tausend Stücke geschlagen.
HANS Spiel trotzdem.
  Ringo schaut unsicher zu Schmelzer. Dann drückt er sei-
  ne Hände an den Mund und bläst eine kurze Melodie. Es
  klingt sehr schön.
HANS Danke.
  Hans lächelt und geht weiter. Er steht vor dem ehemali-
  gen Ordner.
ORDNER Schau, Hans.
  Ich tanze wieder.
  Er tanzt Hans etwas vor.
ORDNER Seit ich nicht mehr Ordner bin

tanze ich in Gasthöfen
und auf Hochzeiten.
Manchmal lachen sie mich aus
manchmal laden sie mich zum Essen ein
und manchmal
bekomme ich sogar Geld.

*Hans lächelt und geht weiter. Er steht vor dem Minister
und dessen Frau. Der Minister drückt ihm die Hand.*

MINISTER Ich höre, Sie verlassen die Fabrik? Schade. Sie
haben mir irgendwie gefallen.

*Hans lächelt und geht weiter. Er geht an der früheren
Personalchefin vorbei. Er bleibt vor dem Arbeiter aus
der Pornoszene stehen.*

HANS Dich kenne ich nicht.

ARBEITER Ich habe mit deiner Frau
geschlafen.

*Hans lächelt und geht weiter. Er geht an der amerikani-
schen Sängerin vorbei. Er steht vor Ursus. Hans lächelt.
Er tätschelt das Gesicht von Ursus.*

HANS Ursus, alter Tölpel.

URSUS Früher habe ich dich
gern gehabt.
Seit du Ordner bist
darf ich dich nicht mehr
gern haben.

*Hans lächelt und geht weiter. Der Italiener steht vor
ihm.*

HANS Erzählst du mir
eine Geschichte?

ITALIENER *lächelt verlegen* Ciao, Hans.

*Hans lächelt und geht weiter. Er ist jetzt im unteren Teil
der Wendeltreppe. Er bleibt vor dem Jugoslawen stehen.*

HANS Dich habe ich
so gehaßt.
Jetzt möchte ich mich

    bei dir entschuldigen.

JUGOSLAWE Ich bin schon
    auf dem Schiff
    ich habe mit euch allen
    nichts mehr zu tun.
    Hans lächelt und geht weiter. Die Kellnerin steht vor
    ihm.

KELLNERIN Magst du ein Abschiedsbier, Hans?
    Auf Kosten des Hauses?
    Hans lächelt und gibt der Kellnerin einen Kuß. Er geht
    weiter. Er steht vor Shakespeare. Shakespeare starrt ihn
    an. Hans lächelt.

HANS Shakespeare
    was starrst du mich so an?
    Ich möchte mich von dir
    verabschieden.
    Gibst du mir nicht
    die Hand?
    Shakespeare steht starr vor Hans. Hans umarmt ihn.
    Shakespeare rührt sich nicht. Hans lächelt und geht wei-
    ter. Er kommt zu Anna. Er legt seine Hand auf ihren
    Bauch und versucht zu lächeln.

ANNA Wohin gehst du, Hans?
    Stille. Anna hält sich an Hans fest.

ANNA Nimm mich mit, Hans.
    Nimm mich mit.

PERSONALCHEF *von oben* Herr Freiberger
    wollen wir nicht die Formalitäten erledigen?

HANS *zu Anna* Einmal im Leben
    möchte ich es machen
    wie du, Anna.
    Die Augen schließen
    und Vorstellungen haben.
    Ich möchte mir vorstellen
    was man alles

mit dem Leben
anfangen kann.
*Er macht sich von Anna los und geht die Wendeltreppe
hinauf. Shakespeare geht ihm ein paar Schritte nach.
Hans erreicht die Brücke. Er stellt sich neben den Personalchef. Hans zieht den Mantel des Ordners aus und gibt
ihn dem Personalchef.*

PERSONALCHEF Ihre Papiere. Lohnsteuerkarte. Zeugnis.
Gehaltsstreifen. Möchten Sie zum Abschied noch irgend
etwas sagen? Haben Sie noch irgendeinen Wunsch? Zigarette vielleicht?
*Der Personalchef bietet Hans eine Zigarette an. Hans
nimmt sie und raucht. Schweigen.*

PERSONALCHEF Entschuldigen Sie, aber ich bin terminlich
ein bißchen unter Druck.

HANS Ach so.
*Hans macht die Zigarette aus und springt in den Hoch-
ofen. Er verglüht im Augenblick. Nichts bleibt von ihm
übrig.*

Fünfzehnte Szene

*Die leere Bühne, wie zu Beginn des Stückes. William
Shakespeare tritt auf. Er schleppt eine Bierkiste mit leeren
Bierflaschen herein. Er schaut ins Publikum. Er kniet nie-
der und legt sein Ohr an den Bühnenboden.*

SHAKESPEARE Ich bitte
um absolute Ruhe.
Ich höre die Stimme
eines jungen Toten
unter diesen Brettern.
Die großen Toten
sind ja alle

auf diesen Brettern
zu Wort gekommen.
Sie haben
bevor sie starben
lange Monologe gehalten.
Bitte Ruhe.
Hier ist einer
der hat nicht viel gesagt.
Der hat noch keinen
Namen in der Literatur.
Der ist noch da unten.
Bruder, wer bist du?
Stille. Shakespeare redet mit dem Bühnenboden.

SHAKESPEARE Bist du ein junger Heerführer
der an der Spitze
seiner Soldaten
ein jähes
aber rühmliches
Ende fand?
Komm auf die Bühne.
Stille.
Bist du ein Sänger
unerfahren in der Liebe
der sich aus Kummer
sein eigenes Totenlied sang?
Komm auf die Bühne.
Stille.
Bist du ein Säufer
ein Weiberheld?
Hast du gehurt
gepraßt?
Hast du mit Zechbrüdern
liederliche Reden geführt?
Hat dir das Unmäßige
den frühen Tod gebracht?

Komm auf die Bühne.
Stille.
Warst du entstellt?
Ein Ungeheuer gar?
Bei dessen Anblick
die Mütter weinten
die Hunde flohen
und die Kinder einen Schock
fürs Leben hatten?
Hat dich soviel Abscheu
jung sterben lassen?
Komm auf die Bühne.
Stille.
Bist du ein Dichter?
Ein Poet?
Den das Gewicht der Welt
als Stein am Hals
ins tiefe Wasser führte?
Komm auf die Bühne.
Stille.
Bruder
hat dich der Krieg gefressen?
Mit Haut
und Haar
und Namen?
Liegst du im Grab der Namenlosen
auf dem die Kränze stinken?
Komm auf die Bühne.
Stille.
Starbst du am Straßenrand?
In Staub und Öl?
Versorgt mit allen Sakramenten
der Straßenwacht?
Komm auf die Bühne.
Stille.

Wer immer du auch bist
ein armer oder reicher Mensch
schön oder häßlich
bedeutend, unbedeutend
komm auf die Bühne.
Hier ist der Ort.
Shakespeare legt sein Ohr auf den Bühnenboden.
SHAKESPEARE Ich bitte um Ruhe
um Pietät.
Der junge Tote spricht.
Stille. Shakespeare hält sein Ohr auf den Bühnenboden.
Er lauscht. Er steht auf, schaut ins Publikum und hebt
die Schultern.
SHAKESPEARE Er sagt
er sei ein Ding.
Shakespeare kniet wieder nieder und spricht in den Büh-
nenboden.
SHAKESPEARE Was für ein Ding?
Shakespeare lauscht.
SHAKESPEARE Ein Ding aus Eisen?
Aus Eisen
gibt es viele Dinge.
Shakespeare lauscht. Er steht auf und hebt wieder die
Schultern.
SHAKESPEARE Früher war er ein Mensch.
Jetzt ist er ein Ding.
Aus Eisen.
Mehr weiß man nicht.
Shakespeare spricht – scheinbar völlig leidenschaftslos –
mit dem Publikum.
SHAKESPEARE Ist dieser Mensch
der einer gewesen ist
ein Nagel im Gebälk?
Ein Stück Schiene
zwischen zwei Städten?

Eine kunstvolle Lampe
über dem Bett eines Reichen?
Ein Zaun, ein Maschendraht
zwischen zerstrittenen Nachbarn?
Eine Zange, ein Waggon?
Ist er ein Türschild
mit fremdem Namen?
Ein Brückenpfeiler
im reißenden Fluß?
Eine rostende Rinne
oder ein Schlüssel
für die Schatulle?
Ist sein Auge eine Glocke
sein Bauch
eine Karosserie?
Steht sein Herz
noch in der Halle
und wartet
auf Weiterverarbeitung?
Man weiß es nicht.
Plötzlich schluchzt er und schreit.
Man weiß es nicht.
Man weiß es nicht.
Man weiß es nicht.
Er spricht wieder leise.
Warum bin ich
noch immer kein Ding?
So viele haben mich betastet
keiner hat mich berührt.
Er singt.
Ich war schon fast ein Ding
bis mich der Bruder fing.
Er spricht.
Ich war die leere Ampulle
neben dem sterbenden Leib.

Die Lampe über dem Röcheln
die immer brennen bleibt.
Ich war der Mund
der die Verlöschung
im Kommentar beschreibt.
Er singt.
Ich war schon fast ein Ding
bis mich der Bruder fing.
Er schreit.
Warum bin ich nicht endlich
wie diese Platte
in meinem Kopf?
Ganz und gar gefühllos?
Er nimmt eine Flasche nach der anderen aus der Bier-
kiste und zerschlägt sie auf seinem Kopf. Er lacht.

SHAKESPEARE So.

Mir geht es glänzend.
Wie geht es Ihnen?

Texte und Bilder
zu
»Die Minderleister«

Uraufführung im Akademietheater Wien, 1988
Gerd Kunath, Markus Boysen, Oda Thormeyer

In den Personalbüros der Stahlwerke liegen Listen mit den Namen von Arbeitern, die in nächster Zeit entlassen werden. Auf
diesen Listen steht das Wort »Minderleister«. Mit diesem Wort
verbinde ich den schäbigen Versuch, die Krise in der Stahlindustrie auf Kosten der Schwächsten auszutragen. Angesichts der
Arbeit, die diese Menschen in den Stahlwerken vollbringen, ist
dieser Begriff eine besondere Ironie. Die Herstellung von Stahl
läßt eine »Minderleistung« überhaupt nicht zu. In Wahrheit ist
eine Gesellschaft in die Krise gekommen, ist eine Politik in die
Krise gekommen, jetzt werden die an der Krise Schuldigen ge-
sucht. Man nennt sie »Minderleister«, als wäre es ihre »minde-
re Leistung«, die zur Krise geführt hat.

(Aus einem Gespräch, 1988)

Tournee der Compagnie Brozzoni, Paris, 1998
Dominique Vallon

Was bedeutet der Verlust eines Arbeitsplatzes in einer Gesellschaft, welche die Arbeit als wichtigsten Ausdruck menschlichen Seins betrachtet? Ein Mensch, der nicht arbeitet, ist kein
Mensch. Was bedeutet diese Ideologie in einer Gesellschaft,
die immer weniger Menschen Arbeit geben kann? Dies ist das
große Problem, aber es wird nicht als solches behandelt, es
wird privatisiert. Jene, die ihre Arbeit verlieren, haben eben
Pech. Das ist die brutale, wenn auch überschminkte Grundhal-
tung in einer Gesellschaft, in der die Sozialdemokratie gerade
ihr hundertjähriges Bestehen feiert. Die ungelösten Probleme
einer Gesellschaft werden den Schwächsten aufgebürdet.

(Aus einem Gespräch, 1988)

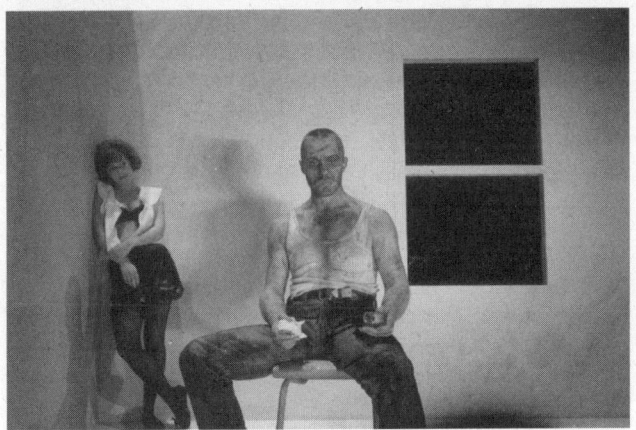

Königliches Theater Kopenhagen, 1991
Annika Johannessen, Peter Gilsfort

Vielleicht hat die deutsche Intelligenz ein gestörtes Verhältnis
zu Arbeitern? Irgendwann hat mein Kollege Kroetz in einem
Interview gesagt, daß es sich bei Arbeitern um spracharme Personen handelt, und seitdem ist dies die offizielle deutsche Intel-
ligenzlermeinung, Dramaturgen eingeschlossen. Ich denke
darüber völlig anders. Ich erlebe einen Bankfachmann, der
sein territorial begrenztes Kauderwelsch vor sich hinredet, als
extrem spracharm. Gerade jene Menschen, die studiert haben,
sich für besonders gebildet halten, reden sehr oft den immer-
gleichen hochgestochenen vorgestanzten Blödsinn daher. Meine Arbeiter in dem Stück »Die Minderleister« sind »große« Figuren, und damit sie von den Hochgestochenen nicht klein
gemacht werden können, habe ich ihnen eine »klassische«
Sprache verpaßt.   (Aus einem Brief, 1991)

Bei »Rozznjogd«, Ihrem ersten Theaterstück, war die Nackt-
heit ein Skandal. Die Grenzen verschieben sich immer weiter.
Sie gehen auch mit der Darstellung der Sexualität immer wei-
ter. Man könnte doch sagen, in »Minderleister« und »Tod und
Teufel« passiert Pornographie auf der Bühne.
Wohl wahr. Es passiert jene Pornographie, welche der Kapitalismus, der ja derzeit gerade endgesiegt hat und daher als die
schönste aller Gesellschaftsformen gilt, ununterbrochen produziert. Ich meine damit nicht irgendwelche Pornokassetten,
sondern die grenzenlose und durch nichts einzuschränkende
Verwertbarkeit von allem und jedem. Das ist Pornographie,
und die kommt – veredelt durch meine poetische Konsequenz
und meine angeborene Geschmacklosigkeit – auf der Bühne
vor.   (Aus einem Interview, 1990)

Münchner Kammerspiele, 1989
Rudolf Wessely

Als ich das Stück »Die Minderleister« 1987 schrieb, war die
Krise der Stahlindustrie an ihrem Höhepunkt angelangt: Im
Ruhrgebiet wurden große Stahlwerke geschlossen, in der
österreichischen VOEST Massenentlassungen durchgeführt.
Alle redeten von unbedingt notwendigen Strukturmaßnahmen, von der alles entscheidenden Wirtschaftlichkeit, die nur
durch ein »Schlankerwerden« der Lohnkosten zu erreichen
sei. Vom Los der betroffenen Arbeiter redete fast niemand. Es
war die Geburtsstunde jenes Satzes, der heute wie ein Dogma
einer seligmachenden Religion verkündet wird: »Geht es der
Wirtschaft gut, so geht es allen gut.« Die Arbeiter selbst mußten glauben, sie seien die Verursacher der Krise, sie hätten ihre
Entlassungen mit der Einsicht in die Notwendigkeit hinzuneh-
men. Um dem nachzuhelfen, denunzierte man die Arbeiter:
Viele von ihnen würden im Faulbett der übertriebenen Sozialleistungen liegen, sie seien Sozialschmarotzer, so hieß es. Sie
sollten sich nicht als Betroffene wehren, sondern als Schuldige
gehen.

Heute macht in vielen Betrieben die halbe Belegschaft die doppelte Arbeit. In etlichen Stahlwerken (vor allem in Deutschland) finden Kunstveranstaltungen statt. Ein Hochofen (in einen solchen ist meine Hauptfigur, der Stahlarbeiter Hans, gesprungen) wird immer wieder von Objektkünstlern verwendet. Die ersten Anzeichen von Globalisierung (Anna, die Frau von Hans und eine Textilarbeiterin, versteht nicht, warum ihre Firma nach Spanien verlegt werden soll) haben sich inzwischen zur weltumfassenden Realität entwickelt: Wo die Arbeiter weniger kosten, dort wird produziert. Wer heute das Wort »Arbeiterklasse« in den Mund nimmt, wird als Ewig-Gestriger belächelt. Die Reichen werden immer reicher, die Armen werden immer ärmer. Der Anteil der Löhne von Arbeitern und Arbeiterinnen am Volkseinkommen ist in den letzten zehn Jahren von 71 auf 58 Prozent gesunken. Der zynische Satz »Geht es der Wirtschaft gut, so geht es allen gut« wird selbst von seinen Opfern nachgebetet.

(Text für eine Aufführung am Grazer Schauspielhaus, 2006)

Wer sind heute die »Minderleister«?
Heute geht es nicht mehr darum, daß solche, die angeblich Minderes oder wenig leisten, entlassen werden und solche, die sich qualifizieren, am Busen des Kapitalismus weiter genährt werden, sondern: daß sich dieses System aufzulösen beginnt. Daß der Kapitalismus seine eigenen Versprechungen nicht mehr einhalten kann. Sie heißen: Wenn du dich genügend anstrengst, dann darfst du auch an den Segnungen teilnehmen. Heute sind in gewissem Sinn alle von der Verdammnis als Minderleister bedroht.
Wo sind die real existierenden Alternativen zum Kapitalismus?
Der Untergang der kommunistischen Länder heißt im Umkehrschluß ja nicht, daß das, was an Kapitalismus übriggeblieben ist, das allein Seligmachende ist. Ich wehre mich dagegen, die Geschichte der Wirtschaft mit der Totalität einer Mechanik

zu sehen. Nur weil sich bestimmte politische Modelle als obsolet erwiesen haben, werde ich die Frage nach einer gerechteren Gesellschaft nicht aufgeben. Sollte ich einer der wenigen übriggebliebenen Linken sein, werde ich diese Position auch weiterhin mit mir teilen. Die Frage nach der Gerechtigkeit bleibt für mich das Entscheidende: Sie setzt auch den dramatischen Zorn in meinen Stücken in Gang. Ich habe ein hoffnungslos schönes Menschenbild in mir, bin ununterbrochen mit dessen Schändungen konfrontiert und gebe trotzdem die Hoffnung nicht auf. (Aus einem Interview, 2007)

Tod und Teufel

Eine Kolportage

Die Personen des Stückes –
in der Reihenfolge ihres Auftretens

Christian BLEY, *43 Jahre, Pfarrer in einer Kleinstadt*
Herr GÜTERSLOH, *62 Jahre, der Mesner*
Pater MANZETTI, *36 Jahre, Sekretär des Bischofs*
RUDI *Hoffmann, 18 Jahre, Arbeitsloser*
Wolfgang Berger, genannt »DER SCHÖNE WOLF«, *40 Jahre,
    Schlepper in einem Sexlokal*
KARIN, *26 Jahre, Hure*
12 ältere Männer, Besucher eines Sexlokals
Dr. Peter Wilferth, 29 Jahre, WIRT *und arbeitsloser Akade-
    miker*
Alfred SCHÖNWIESE, *50 Jahre, Alkoholiker und ehemaliger
    Professor für Mathematik*
Magda SCHNEIDER, *61 Jahre, Alkoholikerin und ehemalige
    Kassiererin in einem Supermarkt*
Peter Paul SÄNGER, *32 Jahre, Journalist*
Alma HAHN, *72 Jahre, ehemaliger Filmstar, ehemalige
    Schauspiellehrerin*
Franz André MÜLLER, *34 Jahre, Besitzer einer Werbeagen-
    tur*
Walter LESCHITZKY, *52 Jahre, Waffenhändler*
EVELYNE *Leschitzky, 19 Jahre, die magersüchtige Tochter
    des Waffenhändlers*
Erwin FISCHER, *39 Jahre, Minister für Landesverteidigung*
*20 Personen: Manager, Politiker, Modefriseure, Werbeleu-
    te, Anwälte. Alle in aberwitzigen Verkleidungen.*
*8 Jagdgehilfen im grünen Anzug, mit grünem Hut und Fe-
    der*
1 Iraner als Leiche
2 Ägypter als Leichen
1 Türke als Leiche
1 syrischer Rosenverkäufer als Leiche

1 *Kurde als Leiche*
11 *Personen: die höchsten Repräsentanten aus Politik und Wirtschaft in dunklen Anzügen*
2 *Bahnhofspolizisten, ein jüngerer und ein älterer*
Stimme des Einsatzleiters

Die Rollen des Pater Manzetti, des Schleppers und des Waffenhändlers sollten von ein und demselben Schauspieler gespielt werden.

Erste Szene

Die Bühne ist völlig leer, und sie ist dunkel. Ein paar Lichtstrahlen fallen von oben herein, wie in einer Kathedrale oder in einem leeren Heustadel. Vorne, an der Rampe, hängt ein Galgenstrick mit Schlinge aus dem Schnürboden. Lange Zeit passiert nichts. Im Hintergrund erscheint eine Gestalt: ein fast nackter Mann, bekleidet mit einer etwas unvorteilhaften Unterhose. Er trägt einen Sessel und einen Kassettenrekorder mit sich. Er geht – langsam und lächelnd – bis nach vorne an die Rampe. Er stellt den Sessel und den Kassettenrekorder hin. Der Mann, es ist der Kleinstadtpfarrer Christian Bley, drückt die PLAY-Taste des Kassettenrekorders. Engelschöre erklingen. Er steigt auf den Sessel, legt sich die Schlinge um den Hals und schaut ins Publikum. Die Zeit vergeht.
Im Hintergrund der Bühne erscheinen zwei Männer: Herr Gütersloh, der alte Mesner, und Pater Manzetti, der Sekretär des Bischofs. Der Mesner trägt ein Priestergewand im Arm. Sie gehen langsam und vorsichtig auf Pfarrer Bley zu. Manzetti hält einen Teller mit Kirschen in der Hand.

GÜTERSLOH Herr Pfarrer, könnten Sie wieder herunterkommen und das Gewand anziehen? Es gehört sich nicht.

Schweigen. Pfarrer Bley schaut ins Publikum und rührt
sich nicht.

MANZETTI Ich bin Pater Manzetti, der Sekretär des Bischofs. Wollen wir miteinander reden?

Schweigen. Pfarrer Bley schaut ins Publikum und rührt
sich nicht.

MANZETTI Was ist das Problem?

Schweigen. Pfarrer Bley schaut ins Publikum und rührt
sich nicht.

MANZETTI Sie haben Ihr Theologiestudium mit vorzügli-
cher Qualifikation beendet. Sie haben drei Jahre in der
Mission gearbeitet. Sie sind als Pfarrer in eine kleine
Ortschaft gegangen und wurden anschließend in diese
Kleinstadt versetzt. Abgesehen von Ihrer verzeihlichen
Marotte, daß Sie sich oft tagelang einsperren und klassi-
sche Musik hören, hat Ihr Wirken nie Anlaß zur Klage
gegeben, im Gegenteil. Ihre Jugendarbeit wurde vom Bi-
schof mehrmals belobt. Ich liebe Kirschen. Lieben Sie
Kirschen?

Pater Manzetti hält Pfarrer Bley den Teller mit Kirschen
hin. Bley rührt sich nicht.

MANZETTI Die Kirsche ist die einzige Frucht, die man so
ißt, wie sie wächst, quasi eins zu eins. Eine Orange muß
man schälen, einen Apfel teilen, eine Birne ebenso, aber
die Kirsche ... verstehen Sie mich nicht falsch, natürlich
kann man die Himbeere, die Erdbeere, die Heidelbeere
einzeln essen, aber es wäre nicht vernünftig, man ißt
eben zwei oder drei oder mehrere Himbeeren oder Hei-
delbeeren auf einmal. Es kann auch vorkommen, daß jemand zwei oder drei Kirschen auf einmal ißt, aber es
wäre die Ausnahme, eine unvernünftige noch dazu. Man
soll die Kirsche auch nicht im Munde teilen, am besten
ist es, man schluckt sie mit dem Kern, dadurch bleibt
ihre Einmaligkeit bewahrt. Ein befreundeter Theologe
hat mich darauf gebracht. Wir haben am nächsten Tage

die Frage des Stuhlganges erörtert. In der Beschwerde des Kirchenbeirates an die Diözese heißt es, Sie hätten bei einer Ihrer letzten Predigten minutenlang stumm auf der Kanzel gestanden und hätten nur einen einzigen Satz von sich gegeben. Stimmt das?

Schweigen. Pfarrer Bley nimmt den Kopf aus der Schlinge und steigt vom Sessel. Pater Manzetti atmet auf. Pfarrer Bley dreht den Kassettenrekorder auf hohe Lautstärke, steigt auf den Sessel, steckt den Kopf wieder in die Schlinge und schaut ins Publikum.

MANZETTI *laut* Sie könnten die Sünde nicht finden, hätten Sie gesagt. Was gibt es da zu finden? Nehmen wir die Autowerkstätte. Neben Ihrem Pfarrhof steht doch eine Autowerkstätte, für MAZDA, wenn ich nicht irre. Der Besitzer der Autowerkstätte trinkt zum Mittagessen immer ein oder zwei Flaschen Bier, die ihm seine Gattin mit einem Lächeln hinstellt. Nach dem Genuß des Bieres schläft der Mann ein. Die Gattin holt den Mechaniker und legt sich mit ihm auf die umgeklappten Sitze eines sich gerade in Reparatur befindlichen MAZDA 626. Die beiden kopulieren miteinander. Der Mechaniker ist verheiratet und hat gerade eine Eigentumswohnung gekauft, wie ich annehme, eine ziemlich scheußliche. Um die entsetzlich hohen Raten bezahlen zu können, arbeitet die Frau in einer Lackfabrik, was schwere gesundheitliche Schäden nach sich zieht. Das Kind wächst bei der bigotten Großmutter auf und hat Bronchitis. Der praktische Arzt verschreibt der Frau, dem Kind und der gesamten Kleinstadt Unmengen von Antibiotika. Von dem vielen Geld, das er damit verdient, finanziert er einen beheizbaren Swimming-Pool und eine Wohnung in der Stadt. Von letzterer hat die Arztensgattin keinerlei Kenntnis. In dieser Wohnung trifft sich der Arzt immer wieder, und dann gleich für mehrere Tage, mit einer angehenden Schauspielerin zu wenig Gespräch und viel

Kopulation. Wo ich hinsehe, sehe ich Sünden. Die Sünde ist überall. Sie ist alltäglich, eine Banalität sozusagen. Da gibt es nichts zu finden, da gibt es nichts zu bekümmern. Man könnte glauben, der Teufel hätte von mir Besitz ergriffen. Wenn ich nicht genau wüßte, daß ich ein Mann Gottes bin. Ich halte mich an Kirschen. Ja, ich halte mich an Kirschen.

Schweigen. Pfarrer Bley rührt sich nicht von der Stelle. Pater Manzetti beobachtet ihn.

MANZETTI Der Bischof macht Ihnen folgenden Vorschlag. Sie sind krank. Sie gehen in eine Nervenklinik, Sie kommen in psychiatrische Behandlung, die Diözese kommt für alle Kosten auf. Ihre hiesige Stelle übernimmt bis auf weiteres ein anderer Pfarrer.

Schweigen. Pfarrer Bley nimmt den Kopf aus der Schlinge, steigt vom Sessel, dreht den Kassettenrekorder auf Überlautstärke auf, steigt wieder auf den Sessel, steckt einen Fuß in die Schlinge, wirft den Sessel um, baumelt mit dem Kopf nach unten hin und her und lacht aus vollem Halse.

MANZETTI Wie erklärt der Arzt seiner Gattin die oftmalige Abwesenheit? Er begründet sie mit seiner unumgänglich notwendigen Anwesenheit bei internationalen Ärztekongressen und legt der Arztensgattin zum Beweise Flugscheine vor. Diese sind selbstverständlich gefälscht, und zwar vom Besitzer eines Reisebüros. Jener hat einen rauschgiftsüchtigen Sohn, welchem der Arzt als Gegenleistung für die gefälschten Flugscheine Rezepte auf schwere Drogen ausstellt. Der Junge bezieht die Drogen von einem Apotheker, welcher wiederum mit einem Rauschgiftkartell in Verbindung steht, welches wiederum von einem Waffenhändler …

Die Sätze Manzettis gehen in den überlauten Engelschören und im Lachen des Pfarrers unter. Blackout. Man hört die Engelschöre.

Zweite Szene

Die Engelschöre klingen aus. Stille. 12 Uhr mittag. Ein Feld hinter der Kleinstadt. Im Hintergrund sieht man einen Hochspannungsmasten. Rechts im Vordergrund steht ein kleines Hüttchen – die Autobushaltestelle. Auf der Bank der Autobushaltestelle sitzt ein blonder, großgewachsener, fescher Bursche, der Arbeitslose Rudi Hoffmann. Pfarrer Bley kommt über das Feld. Er hat normale Straßenkleidung an. Er trägt seinen Kassettenrekorder mit sich und einen Nylonsack, aus welchem ein Stück seines Priesterrocks heraushängt.

RUDI *ruft* Herr Pfarrer!
   Pfarrer Bley stellt seinen Kassettenrekorder hin und winkt Rudi zu.
RUDI Wo gehen Sie denn hin?
BLEY In die Hauptstadt.
RUDI Da müssen Sie aber mit dem Bus fahren.
BLEY Ich gehe lieber zu Fuß.
RUDI In die Hauptstadt? Das dauert ja mindestens zwei Tage.
BLEY Das macht nichts. Ich suche etwas.
RUDI Was denn?
BLEY Die Sünde.
   Rudi steht auf und geht zu Pfarrer Bley hin. Er schaut Pfarrer Bley an.
RUDI Was suchen Sie?
BLEY Die Sünde.
   Rudi lacht.
RUDI Und da kann man nicht mit dem Bus fahren?
BLEY Vielleicht finde ich sie schon unterwegs.
   Schweigen. Rudi schaut Bley an.
RUDI Die Leute sagen, Sie sind nicht ganz richtig im Kopf. Stimmt das?

BLEY Ich gehe weg von hier.

RUDI Ich auch. Wenn man was werden will, muß man weggehen. Der Hitler ist auch weggegangen. Was glauben Sie, wie hart ich bin?

BLEY Ich weiß es nicht. Ich habe dich in letzter Zeit wenig gesehen.

RUDI Ich bin total hart. Der Gemeindesekretär hat mir eine Telefonnummer gegeben, von einer Dame in der Stadt, die sucht so einen wie mich. Einen wirklich Harten.

Schweigen. Rudi läßt Bley nicht aus den Augen.

RUDI Wissen Sie, was die mit mir macht?

Schweigen. Rudi läßt Bley nicht aus den Augen.

RUDI Soll ich es Ihnen verraten?

Schweigen. Bley nickt.

RUDI Die bringt mich zum Film. Ich gehe nämlich zum Film.

Schweigen.

RUDI Suchen Sie wirklich die Sünde?

BLEY Ja.

RUDI Schwere und läßliche?

BLEY Alle.

RUDI Diebstahl, zum Beispiel?

BLEY Ja, gerne.

Rudi schaut nach links und rechts, um sicherzugehen, daß sie nicht beobachtet werden. Er greift in sein Hemd und zieht einen Gegenstand heraus, der in einen Lappen eingewickelt ist.

RUDI Was ist das?

Er wickelt den Lappen auf.

BLEY *anerkennend* Eine Pistole.

RUDI Das ist eine FN-Browning. 24 cm Lauflänge. 12-Schuß-Automatik. Sie müssen den Lauf zurückziehen, dann schnappt die erste Patrone ein.

Er führt es vor.

RUDI Die anderen rücken automatisch nach. In dem Film
DIE TOTEN STERBEN AUS hat der Enterbte damit 40
Leichen erschossen.

BLEY Wieso Leichen?

RUDI Das waren keine toten Leichen. Die waren schon
verwest, sind aber in der Nacht lebendig geworden.
Zombies, Freaks.

Rudi schaut Bley mißtrauisch an.

RUDI Werden Sie mich anzeigen?

BLEY Nein. Darf ich sie anfassen? Ich habe in meinem Leben noch nie eine Waffe berührt.

*Rudi schaut Bley mißtrauisch an. Schweigen. Rudi gibt
ihm die Waffe. Bley hält die Waffe in der Hand. Rudi
nimmt sie ihm wieder weg, umklammert den Pistolen-
griff mit beiden Händen und legt den Finger an den Abzug.*

RUDI Die Welt ist nämlich eine Kugel, total glatt, wie ein
Ball. Du kommst nicht hinein. Alles gehört schon wem.
Die Häuser, der Grund, die Arbeit. Wenn du was willst,
prallst du ab. Die besseren Posten kriegen nur die Kinder
vom Arzt, vom Stadtamtsdirektor und vom Bankfilial-
leiter. Aber ich weiß eine Möglichkeit. Wenn man mit
der Pistole auf den Ball schießt, gibt's ein Loch, päng,
und die Welt ist hin. Denn heute gehört uns Deutschland
und morgen die ganze Welt. Haben Sie RAMBO I gesehen? RAMBO II und III war ja nicht mehr so gut, aber in
I besiegt der RAMBO zuerst drei Polizisten, dann eine
Stadt und zum Schluß das ganze Militär. Haben Sie Kinder?

BLEY Nein.

RUDI Mein Vater ist Kellner in der Hauptstadt.

*Schweigen. Plötzlich nimmt Rudi Pfarrer Bley in den
»Schwitzkasten« und drückt ihm den Hals zu.*

RUDI Fleh um dein Leben. Fleh um dein Leben.

Ebenso plötzlich, wie er ihn in die Mangel genommen

*hat, läßt Rudi Pfarrer Bley wieder los. Bley greift sich
mit der Hand an den Hals.*

BLEY Du hast mich berührt. Danke.

*Rudi geht ein paar Schritte weg und schaut Bley miß-
trauisch an.*

BLEY Ich habe Geld aus der Pfarrkasse entwendet. Willst
du die Hälfte?

*Bley zieht Geldscheine aus der Tasche, zählt sie ab und
will Rudi die Hälfte geben. Rudi richtet die Pistole auf
ihn.*

RUDI Wenn ich jetzt abdrücke, sind Sie tot, und das ganze
Geld gehört mir.

BLEY Ja.

*Schweigen. Rudi zielt auf Bley und läßt ihn nicht aus den
Augen.*

RUDI *schreit* Wieso haben Sie einen Kassettenrekorder?
Haben Sie eine Musik auch?

BLEY Ja.

RUDI Was für eine Musik? Geht der auf Batterie?

Bley kramt in seiner Tasche und holt Kassetten heraus.

BLEY Bach. Mozart. Händel. Reger. Schubert.

RUDI Legen Sie eine Kassette ein und drehen Sie ganz laut
auf. Damit niemand hört, wenn ich auf Sie schieße.

BLEY Welche Kassette? Mozarts Klavierkonzert Nr. 14 in
Es-Dur oder das Forellenquintett oder ...

RUDI Egal.

*Bley legt eine Kassette in den Rekorder. Die Fantasie für
Orgel, op. 40, Nr. 1 von Max Reger erklingt. Rudi zielt
auf Bley und schreit.*

RUDI Lauter!

*Bley dreht die Musik voll auf. Plötzlich reißt Rudi die
Hände in die Höhe und schießt in die Luft. Er lacht und
springt voller Freude umher, wie ein Kind.*

BLEY Darf ich auch?

Rudi gibt Bley die Pistole. Bley schießt in die Luft und

lacht. Sie schießen abwechselnd in die Luft – das ganze
Magazin. Sie springen umher, schreien und lachen. Die
Fantasie für Orgel von Max Reger übertönt alles. Black-
out. Man hört die Fantasie für Orgel.

Dritte Szene

Die Fantasie für Orgel klingt aus. 11 Uhr nachts. In der
Stadt. Vor einem letztklassigen Sexlokal. Pfarrer Bley steht
mit Kassettenrekorder und Nylonsack vor dem Schauka-
sten des Sexlokals und betrachtet die ausgestellten Photos
nackter Frauen. Der Schlepper (Wolfgang Berger, genannt
»der schöne Wolf«) steht vor der Eingangstür (die ein Vor-
hang ist) und beobachtet Pfarrer Bley. Der schöne Wolf hat
ein übergroßes, glitzerndes Sakko an. Sein Reden ist von
ständigem Lachen begleitet. Er beobachtet Bley und geht
ein paar Schritte auf ihn zu.

DER SCHÖNE WOLF Meister, du bist nicht von hier, oder?
BLEY Ja.
DER SCHÖNE WOLF Du bist vom Land, stimmt's?
BLEY Ja.
DER SCHÖNE WOLF Ich rieche das. Ich rieche das. Laß mich
weiterraten. Du hast ein kleines Bauunternehmen in der
Provinz und hast gerade das Finanzamt betrogen. Dein
Steuerberater hat dich angerufen und dir mitgeteilt, daß
der Betrug durchgegangen ist, dank einer mittleren Be-
stechungssumme an den zuständigen Referenten, welche
dir der Steuerberater in seiner Honorarnote weiterver-
rechnen wird. Stimmt's, oder?
Pfarrer Bley schüttelt den Kopf.
DER SCHÖNE WOLF Nichts verraten. Laß mich weiterraten.
Du bist Volksschullehrer und schwul. Du bist Ehrenmit-
glied der Freiwilligen Feuerwehr und pflegst aufopfe-

rungsvoll deine gichtkranke Mutter. Am Wochenende
fährst du in die Stadt und läßt dir den Arsch durchfik-
ken. Am Montag sitzt du wieder in deiner Schule und
unterrichtest nach Lehrplan. Ich liege richtig. Liege ich
richtig?

BLEY Ich bin Priester.

DER SCHÖNE WOLF Pardon, Eminenz. Und was suchen Sie
hier?

BLEY Die Sünde.

DER SCHÖNE WOLF Volltreffer. Ich bin die Sünde. Ich bin
der Teufel. Komm her, Heiliger Vater, ich verrate dir etwas. Heutzutage braucht man die Sünde nicht mehr zu
suchen. Es gibt sie überall. Gedruckt, gepreßt, verfilmt,
vervielfältigt. Tausendfach, millionenfach, Massenware.
Industriezeitalter, verstehst du? Aber die beste Qualität
zu zivilen Preisen gibt es nur hier, bei mir. Beim schönen
Wolf, oder?

*Er öffnet sein Sakko. Die Innenseiten des Sakkos sind
voll mit Sexzeitungen, Pornoheften, Pornofilmen, Sexar-
tikeln.*

Sohn Gottes, schau in das Reich der Sünde und triff deine Wahl. Was möchtest du? Zu zweit? Zu dritt? Zu
viert? Mit Negern? Mit Kindern? Mit Tieren? Willst du
Zeitungen? Hefte? Filme? Nein? Ah, ich verstehe! Du
liebst das Akustische. Deshalb der Kassettenrekorder.
Geht der auf Batterie? Das ist heute wieder modern.
Man wird ja von Bildern förmlich überflutet, wo bleibt
da die eigene Phantasie?

*Der schöne Wolf nimmt Pfarrer Bley den Kassettenre-
korder aus der Hand und legt eine Kassette ein. Das
Lustgestöhne einer Frau und eines Mannes ertönt.*

DER SCHÖNE WOLF Schließe deine Augen zu diesem Hoch-
amt der Sünde und stelle dir die Leiber dazu vor, wie sie
übereinander herfallen, wie sie sich ineinander verkral-
len … die Kassetten sind in der Dreierpackung billiger
… nein, nichts?

Der schöne Wolf stellt den Kassettenrekorder ab. Er zieht eine Gummipuppe aus seinem Sakko.

DER SCHÖNE WOLF Ich hab's. Das ist die Lösung.

Er bläst die Gummipuppe auf.

DER SCHÖNE WOLF Stell dir vor. Es ist Abend. Du stehst am Altar und entläßt deine Kirchgänger, sechs alte Frauen, mit einem schnellen Segen, zum Fernsehapparat. In fünf Minuten beginnt die Quizsendung EINER WIRD GE-WINNEN. Du aber hast schon gewonnen. Die schönste, die willigste, die allzeit bereite Frau wartet auf dich. Du schließt das Kirchentor, eilst zum Allerheiligsten, nur du hast den Schlüssel, öffnest es, und da liegt sie, zusammengelegt und raumsparend, die Sünde. Du steckst sie ein, gehst in dein Schlafzimmer, bläst sie auf, nimmst etwas NIVEA für das Loch und …

BLEY Ich suche etwas anderes.

Der schöne Wolf zieht den Stöpsel aus der aufgeblasenen Gummipuppe, die Luft entweicht. Er hält sein Sakko weit auseinander.

DER SCHÖNE WOLF Suche, Bruder, suche. Das Angebot ist unerschöpflich. Es gibt nichts, was der schöne Wolf nicht im Programm führt, oder?

BLEY Ich suche die Sünde zwischen Mensch und Mensch.

Der schöne Wolf schließt blitzartig sein Sakko.

DER SCHÖNE WOLF Oh, wie ich dich verstehe, Bruder. Wie konnte ich mich nur so in dir irren? Was sollen alle diese Hefte? Diese Bilder? Diese Filme? Diese Reproduktionen? Diese Perversionen? Ist denn alles wohlfeil geworden in dieser Welt? Muß man das Intimste, das Geheimste, das Zärtlichste in das grelle Licht der Vermarktung zerren? Ist der Mensch nur noch ein Ding? Sein Leib eine Ware? Seine Lust ein Verkaufsartikel? Preise deinen Schöpfer, Bruder, denn du hast mich gefunden, oder? Nur der schöne Wolf weiß, was du wirklich suchst. Du suchst das Flüstern der Verliebten, die Atemlosigkeit des

Ausziehens, das pochende Blut einer echten Verfüh-
rung ...

*Der schöne Wolf öffnet den Vorhang und zieht Pfarrer
Bley in das Lokal. Man sieht einen spärlich beleuchteten
Raum, der mit Samt ausgeschlagen ist. In der Mitte des
Raumes steht ein Sofa mit einer schmutzigen Überdecke.
Links, an einem kleinen Tisch, sitzt die Hure Karin ohne
Unterhose, mit Strapsen und BH. Sie hat die Beine ge-
spreizt und lackiert ihre Zehennägel.*

DER SCHÖNE WOLF Das ist Karin, meine Assistentin, aus
Mühlheim. Hat in Hamburg gearbeitet. Sie kann sechs
brennende Kerzen in die Maus stecken. Mit der Nummer ist sie aufgetreten. Was ist das schon? Ich habe von
einer Berberin gehört, die macht es mit 12 Kerzen und
Ausblasen. Alles können die Deutschen eben auch nicht,
oder? Karin, du alte Sau, benimm dich, unser Gast ist
Priester. Komm, Heiliger Bruder, ich bereite dir den
Himmel auf Erden.

KARIN Was ist er?

DER SCHÖNE WOLF Priester. Red nicht so viel und drück
auf die Klingel.

*Karin drückt auf einen Knopf. Man hört das Läuten hin-
ter dem Raum. Der schöne Wolf nimmt Pfarrer Bley den
Kassettenrekorder und den Nylonsack sanft aus den
Händen.*

KARIN Katholisch oder protestantisch?

DER SCHÖNE WOLF Er ist geil, Schätzchen, er ist geil. Geil.

KARIN Ich bin protestantisch. Augsburger Bekenntnis. Seit
meinem 14. Lebensjahr.

DER SCHÖNE WOLF Wollen wir nicht alles Irdische von uns
abstreifen? Rein und nackt tritt der Mensch zum Altar
der Sünde. Karin, schalt die Anlage ein.

*Karin betätigt einen Schalter. Bis zum Ende der Szene
hört man alle Sätze über einen Verstärker, als würde das
Ganze irgendwohin übertragen werden. Der schöne*

Wolf zieht Pfarrer Bley aus und legt ihn auf das Sofa. Bley richtet sich wieder auf und klammert sich an seinen Kassettenrekorder. Der schöne Wolf drückt ihn wieder auf das Sofa und nimmt ihm den Kassettenrekorder wieder weg.

DER SCHÖNE WOLF Wovor fürchtest du dich, kleiner Landpfarrer? Hast du nicht beim Anblick der jungen Arbeiter, die mit freiem und schwitzendem Oberkörper die Fassade deines Pfarrhofes renovierten, an etwas Bestimmtes gedacht? Hast du nicht die beiden Ministranten durch einen Spalt der Sakristeitür bei ihren Spielchen beobachtet? Jetzt steht sie vor dir, die Sünde zwischen Mensch und Mensch. Zwischen Mann und Mann.

Der schöne Wolf legt eine Kassette in Bleys Kassettenrekorder und drückt auf Aufnahme. Er beginnt, mit Bleys Schwanz zu spielen.

DER SCHÖNE WOLF Wie er da vor uns liegt. Klein und unschuldig wie ein Neugeborenes. Noch braucht er, schwankend und schwach, die helfende Hand, um sich in der Welt zurechtzufinden, oder? Doch schon beginnt er zu wachsen, entsteigt seinem kindlichen Schlummer, wird größer und größer.

KARIN Quatsch nicht so viel. Steck ihm den Finger in den Arsch.

Sie lackiert konzentriert ihre Zehennägel und nimmt keinerlei Notiz von dem, was vor ihr vorgeht.

DER SCHÖNE WOLF Jetzt ist er ein richtiger Halbwüchsiger. Noch etwas schwach auf den Beinen, aber immer fürwitziger. Ah, jetzt kommt sein Köpfchen zum Vorschein. Ganz rot vor Aufregung.

KARIN Gib's dem Popen.

DER SCHÖNE WOLF Wollen wir es kühlen? Wollen wir es in den Mund nehmen?

Der schöne Wolf nimmt Bleys Schwanz in den Mund. Bley stöhnt, es klingt mehr nach Schmerz.

KARIN Saug ihm den Saft aus den Eiern.

Der schöne Wolf bläst immer wilder. Bleys Schmerzens-
schreie werden immer lauter.

KARIN Lutsch ihn, bis ihm die Eichel kocht. Verdammte
Kacke!

Der schöne Wolf läßt Bley blitzartig aus.

DER SCHÖNE WOLF Was gibt's, Karin?

KARIN Der Nagellack ist umgefallen.

DER SCHÖNE WOLF Ach so.

Er bläst weiter. Bleys Schmerzensschreie werden immer
lauter. Bley spritzt seinen Samen in den Mund des schö-
nen Wolf. Der schöne Wolf macht Karin ein Zeichen,
Karin drückt auf einen Knopf. Die Rückwand des Rau-
mes fällt nach hinten. Man sieht einen Zuschauerraum,
in welchem – zumeist ältere – Männer sitzen. Die Män-
ner applaudieren. Der Raum ist grell erleuchtet. Pfarrer
Bley krümmt sich zusammen. Der schöne Wolf spuckt
das Sperma gegen das Licht.

DER SCHÖNE WOLF *zu den Männern* Und wieder ist eine
Nummer gelungen. Fontana di Trevi. Es bedanken sich
bei Ihnen: meine Assistentin Karin, …

Karin steht auf und verbeugt sich, sie hält den Nagellack
in der Hand.

DER SCHÖNE WOLF … Ihr Wolfgang Berger, genannt der
schöne Wolf, kein Feuerschlucker, aber ein Spermaspuk-
ker, und last but not least der Star der Einlage, der Mann
von der Straße.

Der schöne Wolf zeigt auf Pfarrer Bley. Bley sitzt nackt
und zusammengekrümmt auf dem Bett. Der Applaus
wird schwächer.

DER SCHÖNE WOLF Als kleine Aufmerksamkeit und als Erinnerung an den Abend haben wir die Szene auf Kassette
festgehalten.

Der schöne Wolf legt Bley den Kassettenrekorder auf
den Schoß und drückt auf Wiedergabe. Man hört die

Szene noch einmal auf Kassette. Der Applaus nimmt ein
wenig zu. Blackout. Die Kassette läuft weiter.

Vierte Szene

Die Kassette läuft aus. 7 Uhr morgens. Eine Schnapsbude
unter der Stadtbahn. Eine Theke, zwei Tische mit Sesseln,
sonst nichts. Hinter der Theke sitzt der Wirt, Dr. Peter Wil-
ferth, ein arbeitsloser Akademiker. Er ist ein ziemlich
schmächtiger Mensch mit kurzen Haaren. Er frühstückt,
gleichzeitig liest er in einem Manuskript. An der Wand
steht Alfred Schönwiese, ehemaliger Professor für Mathe-
matik. Er ist ganz mager, steckt in einem Anzug mit Kra-
watte und ist von oben bis unten besudelt. Er zieht an sei-
ner Zigarette und balanciert die Asche. An einem der
beiden Tische sitzen Magda Schneider und Peter Paul Sän-
ger. Magda Schneider, eine ehemalige BILLA-Kassiererin,
ist fett und Alkoholikerin. Der Journalist Peter Paul Sänger
hat einen Strohkäfig neben sich stehen, in welchem sich sei-
ne schwarze Angorakatze befindet. Er manipuliert an ei-
nem Tonbandgerät. Am anderen Tisch sitzen Pfarrer Bley
und Rudi Hoffmann. Bley hat seinen Kassettenrekorder
auf dem Schoß und hält ihn umfangen. Rudi trinkt – immer
wieder – aus einem Weinglas. Stille im Lokal.

RUDI Ich geh' nicht mehr hin. Ich hab' zweimal bei mei-
nem Vater übernachtet.
Schweigen.
RUDI Ich geh' nicht mehr hin.
BLEY Hast du die Dame erreicht, die dich zum Film brin-
gen will?
Rudi schüttelt den Kopf.
BLEY Willst du mit mir in der Bahnhofsmission übernach-
ten?

*Rudi schüttelt den Kopf. Eine Stadtbahn fährt über dem
Lokal, mit lautem Getöse. Langsam verebbt der Lärm.
Der Journalist steckt das Mikrophon an das Tonbandge-
rät an.*

SÄNGER *zu Schneider* Die Sendung hat den Titel »Wirklichkeiten«, es soll nämlich alles ungeschminkt gesagt werden. So wie das Leben ist, mit allen sozialen Härten. Es
soll nichts für die Medien geschönt werden, wie sonst
immer. Alles klar?

*Sänger stellt das Tonbandgerät auf Aufnahme und hält
Magda Schneider das Mikrophon hin.*

SCHNEIDER How much?

SÄNGER Wie bitte?

SCHNEIDER Wieviel?

*Sänger stellt das Gerät ab, nimmt seine Brieftasche her-
aus und gibt Schneider einen Geldschein.*

SÄNGER Wir wollen echte Schicksale, die Wahrheit, völlig
unmanipuliert, alles klar?

*Er stellt das Gerät wieder an und hält Schneider das Mi-
krophon hin. Schneider schaut das Mikrophon an und
dreht sich unvermittelt in Richtung Schönwiese, der an
der Wand steht.*

SCHNEIDER Alfred, komm her, da sucht einer ein echtes
Schicksal.

*Sänger stellt das Gerät wieder ab. Alfred Schönwiese
geht langsam zum Tisch des Journalisten. Er balanciert
die Asche seiner Zigarette.*

SÄNGER *zu Schönwiese* Mein Name ist Peter Paul Sänger,
kurz P. P. S. Unsere Sendung heißt »Wirklichkeiten«. Es
geht um authentische Schicksale. Darf ich?

*Er stellt das Tonbandgerät an und hält Schönwiese das
Mikrophon hin. Schönwiese schaut ihn an, holt eine
schmuddelige Ansichtskarte aus seiner Tasche und hält
sie Sänger hin.*

SCHÖNWIESE Das ist mein Studierstädtchen.

SCHNEIDER Alfred, sag schön dem Herrn, daß du ein echtes Schicksal bist, und daß du jede Nacht stundenlang in der Telefonzelle stehst und immer wieder deine Frau anrufst, obwohl sie längst von dir weg ist und eine neue Nummer hat.

Sänger schaut Schönwiese an und nickt ihm aufmunternd zu.

SCHÖNWIESE Das ist mein Studierstädtchen.

Sänger stellt das Tonbandgerät ab und wendet sich wieder Magda Schneider zu.

SÄNGER Also, laut Polizeibericht sind Sie fünfmal wegen Ladendiebstahl angezeigt worden. Sie waren vor Jahren Kassiererin bei BILLA und sind wegen Unterschlagung fristlos entlassen worden. Wie hoch war der Betrag, den Sie unterschlagen haben?

Er stellt das Tonbandgerät wieder an und hält Schneider das Mikrophon hin.

SCHNEIDER Wissen Sie überhaupt, was eine Warengruppe ist? Es gibt zum Beispiel die Warengruppe Schönheit, also Kosmetika, Klopapier, Dusch-Gel und so, das ist A. B ist die Warengruppe Obst und Gemüse. Fleisch ist C, Feinkost D und so weiter. Wenn jetzt der Kunde ein Kilo Bananen aufs Band legt, dann müssen Sie den Preis einspeichern und die dementsprechende Warengruppe. Am Abend wissen Sie dann den Umsatz von jeder Warengruppe. Auf der elektronischen, auf der ich war, hat es sechs Warengruppen gegeben. So ist das. So ist das.

SÄNGER Und was ist mit der Unterschlagung?

SCHNEIDER Können Sie rechnen? Am 14. März 1983 bin ich entlassen worden, weil angeblich sechs Hunderter in der Kassa gefehlt haben. An dem Tag war der Umsatz in der Warengruppe A 1226,80. Von B 3411,09, von C 6211,96, von D 4008,16, von E 1920,42 und von F 3619 geradeaus. Die Totale war laut Kontrollstreifen 20 397,43. Soviel Geld war auch in der Kassa, kein Gro-

schen mehr und kein Groschen weniger. Es hat alles gestimmt. Rechnen Sie nach.

SÄNGER Alles klar.

SCHNEIDER Was heißt alles klar? Nachrechnen sollen Sie.
Laut Sie sollen nachrechnen.

SÄNGER Das genügt.

*Er stellt sein Tonbandgerät ab, zieht den Mikrophon-
stecker heraus und packt das Gerät ein.*

SCHNEIDER Wie heißt Ihre Katze?

SÄNGER Mürzzuschlag.

SCHNEIDER Ein Wahnsinn.

*Sie leert der Katze Schnaps in den Käfig. Sänger nimmt
den Strohkäfig, hängt sich das Tonbandgerät um und eilt
zur Tür.*

SCHNEIDER *ruft ihm nach* Wann ist die Sendung?

SÄNGER *im Hinausgehen* Nächsten Dienstag. Um null Uhr
25.

*Stille. Schneider starrt zum Tisch von Rudi und Pfarrer
Bley. Sie sieht den Kassettenrekorder auf dem Schoß von
Bley. Sie steht auf und geht zum Tisch der beiden. Sie
bleibt vor dem Tisch stehen und schaut Pfarrer Bley an.
Stille.*

SCHNEIDER Sind Sie nächsten Dienstag da? Um null Uhr
25?

Schweigen. Rudi steht auf.

RUDI Ich geh' telefonieren.

SCHNEIDER *zu Bley* Ich bin im Radio.

Bley schaut Rudi nach. Rudi geht zur Theke.

RUDI *zum Wirt* Das Telefon.

*Der Wirt stellt ihm kommentarlos das Telefon auf die
Theke, ohne von seinem Manuskript aufzuschauen.
Rudi wählt, die Leitung ist tot.*

RUDI Das Telefon geht nicht.

WIRT Ich habe nie das Gegenteil behauptet.

Rudi schaut den Wirt an. Der Wirt liest in dem Manu-

*skript. Rudi reißt das Telefon aus der Verankerung und
wirft es auf den Boden. Der Telefonapparat zerschellt.
Der Wirt schaut kurz auf, greift unter die Theke, legt Besen und Schaufel auf die Theke und vertieft sich wieder
in sein Manuskript.*

WIRT Bitte.

*Rudi wirft mit einer Handbewegung Besen und Schaufel
auf den Boden. Pfarrer Bley beobachtet die Szene.
Schneider starrt Bley an.*

WIRT *zu Rudi, ohne aufzuschauen* Es gibt jetzt zwei Möglichkeiten. Die erste: Ich verwende Sie als Figur in meinem neuen Theaterstück. Aber Sie schauen zu dumm, zu
normal und zu gesund aus, also uninteressant.

*Rudi greift in sein Hemd und zieht die eingewickelte Pi-
stole heraus. Er legt sie auf die Theke und wickelt sie
langsam aus.*

RUDI Und die zweite?

WIRT Die zweite ist so ähnlich wie deine, du Arsch, aber
doch etwas besser. Nach dem Studium habe ich keinen
Posten gefunden, und da habe ich dieses Dreckslokal gemietet. Mein Vorgänger hat mir eine Pistole hinterlassen
und mir eingeschärft, sie immer schußbereit unter die
Theke zu legen. Meine Hand liegt jetzt auf dem Ding
und mein Finger am Abzug. Ich schieße durch die Theke
in deinen Bauch und plädiere auf Notwehr. Strafgesetz-
buch, Paragraph drei, Absatz eins.

*Stille. Rudi hört mit dem Auswickeln seiner Pistole auf
und starrt den Wirt an. Pfarrer Bley geht zur Theke,
nimmt Besen und Schaufel und kehrt die Scherben des
zertrümmerten Telefonapparates auf.*

BLEY *zu Rudi* Wir können uns am Bahnhof treffen. Ich
habe mein Gewand in einem Schließfach deponiert.
Nummer 306.

*Rudi wickelt seine Pistole ein, geht rückwärts aus dem
Lokal und schaut voller Haß die Anwesenden an.*

RUDI Ihr hört noch von mir. Ihr werdet alle noch von mir hören.

Er geht aus dem Lokal. Bley kippt die Trümmer in den Abfalleimer und setzt sich wieder an seinen Tisch. Schneider hat ihn die ganze Zeit nicht aus den Augen gelassen.

SCHNEIDER Wissen Sie, was eine Warengruppe ist?

Bley schaut Schneider an.

SCHNEIDER Die wichtigste Warengruppe ist Fleisch, C. Dort gibt es die höchsten Umsätze. Am Tag meiner Entlassung, das ist jetzt sieben Jahre her, war die Losung von C 6211,96. Das ist eine sehr gute Losung. Die Losung von A, B, D, E und F war auch nicht schlecht. Glauben Sie mir, Herr, es hat alles gestimmt. Rechnen Sie nach. Die Summe aller Losungen war 20 397,43. Und genau der Betrag war in der Kassa. Ich hab' nichts unterschlagen. Der Filialleiter wollte eine Jüngere für die Kassa, das ist die Wahrheit. Das hebt angeblich den Umsatz. Bitte rechnen Sie nach.

Sie schaut Bley an. Bley schaut sie an. Bley steht auf und geht zur Theke.

BLEY *zum Wirt* Kann ich ein Blatt Papier und einen Bleistift haben?

Der Wirt schaut von seinem Manuskript auf. Er schaut Pfarrer Bley an. Er reißt eine Seite aus seinem Manuskript, nimmt einen Bleistift und gibt beides Pfarrer Bley.

WIRT Ich habe keine Pistole. Ihr Freund hat schlechte Nerven.

Bley geht zurück zu seinem Tisch.

BLEY *zu Schneider* Kann ich die einzelnen Beträge noch einmal hören?

Schweigen. Schneider starrt Bley an und beginnt mit dem Diktieren. Mit jedem Betrag, den sie nennt, nimmt ihre Aufregung zu.

SCHNEIDER 1226,80.   3411,09.   6211,96.   4008,16.
1920,42. 3619,–

Schweigen. Pfarrer Bley addiert.

BLEY Und welcher Betrag, sagten Sie, war in der Kassa?

SCHNEIDER 20 397,43.

BLEY Stimmt. Stimmt ganz genau.

Schneider starrt ihn an. Stille.

SCHNEIDER *schreit* Habt ihr gehört? Es stimmt. Er hat
nachgerechnet. Alfred, hast du gehört? Die Summe
stimmt. Ich habe nichts unterschlagen.

SCHÖNWIESE Das ist schön für dich. Ja, Magda, das ist
schön für dich.

SCHNEIDER In acht Jahren hat niemand nachgerechnet. Er
ist der erste Mensch, der nachgerechnet hat. Er ist ein
Heiliger. Sie sind ein Heiliger.

*Sie kniet nieder und küßt Pfarrer Bley die Füße. Sie
schluchzt.*

SCHNEIDER Sie sind ein Heiliger. Ich heiße Magda Schneider, wie die Mutter von Romy Schneider. Sie sind ein
Heiliger.

*Die Stadtbahn fährt über dem Lokal. Das Schluchzen
von Magda Schneider geht im Getöse der Stadtbahn unter. Blackout. Man hört die fahrende Stadtbahn.*

Fünfte Szene

*Das Stadtbahngeräusch hört auf. 3 Uhr nachmittags. Die
völlig desolate Sozialwohnung der Magda Schneider. In
dem Raum steht links ein alter Kasten, hinten liegen ein
paar zerschlissene Matratzen, und rechts an der Wand tür-
men sich unglaubliche Mengen von Waren in Originalver-
packung: Werkzeuge, Käse, Spirituosen, Schallplatten, Unterwäsche, Kosmetika und so weiter. Die Tür geht auf.
Pfarrer Bley und Magda Schneider kommen herein.*

SCHNEIDER Das ist mein Wohnzimmer. *Sie zeigt auf den Kasten.* Das ist das Schlafzimmer. *Sie zeigt auf die Matratzen.* Das ist die Versorgung. *Sie zeigt auf die Warenberge.* Entschuldigen Sie, es ist nicht aufgeräumt.

BLEY Das macht nichts.

SCHNEIDER Am besten ist, Sie ziehen sich aus und legen sich ins Bett. Darf ich abnehmen?
Sie nimmt ihm den Kassettenrekorder aus der Hand und stellt ihn auf den Boden. Bley geht nach hinten und bleibt neben den Matratzen stehen. Schneider schaut Bley an. Schweigen.

SCHNEIDER Sie haben doch gesagt, Sie suchen die Sünde?
Schweigen. Die beiden sehen einander an.

SCHNEIDER Ich bin zu alt. Das ist es.

BLEY Nein.

SCHNEIDER Ich spür' es doch. Wenn man älter wird, spürt man immer mehr und nicht weniger. Ich rufe meinen Sohn von der Post aus an, und er sagt immer, gib mir die Nummer durch, ich ruf gleich zurück. Aber da weiß ich schon, daß er nicht zurückruft. Ich warte trotzdem.

BLEY Ich verstehe.

SCHNEIDER Sie verstehen gar nichts. Schauen Sie mich doch einmal richtig an. Was soll denn ein Mann an mir finden?

BLEY Es ist wirklich nicht das Äußere.

SCHNEIDER Nein?

BLEY Nein.
Sie lacht ihn an.

SCHNEIDER Soll ich mich für Sie schön machen? Die Kosmetikindustrie ist ja heute schon auf einem Niveau ... Sie werden mich nicht wiedererkennen.
Sie geht zum Warenberg und kramt darin. Sie zieht eine verpackte Creme heraus.

SCHNEIDER Diese Creme, zum Beispiel. BIOCOSMA. Mit natürlichen Wirkstoffen. Strafft Ihre Haut und macht sie geschmeidig. Auftragen und kurz einwirken lassen.

Sie nimmt die Tube aus der Verpackung, wirft die Ver-packung weg und schmiert sich Unmengen von BIO-COSMA ins Gesicht. Sie kramt weiter in den Waren. Pfarrer Bley beobachtet sie.

SCHNEIDER Mögen Sie mit Pfirsichgeschmack? Maracu-ja? Himbeer? Oder Jasmin?

BLEY Was denn?

SCHNEIDER Intimspray. Ich nehme Pfirsich, das ist am neu-tralsten.

Sie reißt die Dose aus der Klarsichtverpackung und sprayt sich das Intimspray unter den Rock und unter die Achseln. Sie kramt weiter.

SCHNEIDER Ohrringe. Schauen aus wie Gold. Sind aber aus Eloxal. Das merkt man am Preis.

Sie hängt sich die übergroßen Ohrringe an ihre Ohr-läppchen. Sie kramt weiter. Sie zieht Haarfarben her-aus – Spraydosen in der Sechserpackung.

SCHNEIDER Hellblond. Dunkelblond. Kastanie. Brünett. Purpur. Rassig. Hellblond, das haben die Männer am liebsten.

Sie nimmt eine Dose aus der Verpackung und sprayt sich ihre Haare blond. Sie schaut ihn an.

SCHNEIDER Wie bin ich?

BLEY Schön.

Die beiden schauen einander an. Schweigen.

SCHNEIDER Lippenstift. Der Lippenstift fehlt. Ohne Lip-penstift ist die Frau farblos.

Sie kramt im Warenberg.

SCHNEIDER Es gibt NORMALSMILE und LUXUSSMILE. Für Sie nehme ich LUXUSSMILE.

Sie streicht sich die Lippen an, viel zu heftig. Sie lächelt Bley an.

BLEY Sehr schön.

Schweigen. Die beiden schauen einander an.

SCHNEIDER Ich bin zwar schon etwas aus der Übung, aber sehr zärtlich.

Schweigen. Die beiden schauen einander an.

BLEY Ich habe Angst.

SCHNEIDER Sind Sie vielleicht eine männliche Jungfrau?

BLEY Das auch.

SCHNEIDER Was denn noch?

BLEY Im Konvikt ist unter den Zöglingen immer davon geredet worden, daß der Mann mit seinem Geschlechtsteil
in der Frau steckenbleiben kann. Dann muß die Rettung
verständigt werden, und die beiden müssen ins Spital gebracht werden, und die Welt sieht das. Ich weiß, es ist lächerlich, aber es ist immer in meiner Phantasie.

SCHNEIDER *lacht* Das ist nicht schlimm. Man muß nur viel
trinken, dann wird alles weiter.

*Sie zieht eine Flasche Whisky und zwei in Plastik ver-
packte Zahnputzbecher aus dem Warenberg. Sie packt
die Zahnputzbecher aus, geht zu den Matratzen und
setzt sich auf eine Matratze. Sie macht ihm ein Zeichen,
daß er sich setzen soll. Er setzt sich neben sie. Sie schenkt
ein und reicht ihm den mit Whisky gefüllten Zahnputzbecher. Sie trinkt.*

SCHNEIDER Wissen Sie, wie mein zweiter Sohn auf die
Welt gekommen ist, da hat mein Mann angefangen mit
anderen Frauen. Das ist jahrelang so dahingegangen. Es
war kein Vertrauen mehr da. Alles ist immer enger geworden. Und daneben die Arbeit an der Kassa. Ich bin
mir vorgekommen wie in einem Raum ohne Fenster und
Türen. Und der Raum ist auch immer kleiner geworden.
Da hab' ich zu trinken angefangen, und dann war es besser. Langsam ist alles wieder weiter geworden, weiter
und leerer. Trinken Sie. Sie müssen trinken.

*Bley klammert sich an den Zahnputzbecher und trinkt
ihn in einem Zug leer.*

SCHNEIDER Stört es Sie, wenn ich uns eine Musik mache?
Das bringt mich in Stimmung.

Sie steht auf, geht zum Warenberg und holt eine Musik-

kassette heraus. Sie nimmt seinen Kassettenrekorder und geht damit zu den Matratzen. Sie legt die Kassette in den Rekorder.

SCHNEIDER Der geht ja hoffentlich auf Batterie. Das E-Werk hat mir den Strom abgestellt.

Sie drückt auf PLAY. » White Christmas« von Bing Crosby erklingt.

SCHNEIDER Das ist meine Lieblingsmusik.

Sie schenkt ihm und sich nach. Die beiden trinken. Sie legt sich nach hinten. Er ebenfalls. Die beiden liegen mit den Füßen zum Publikum auf den Matratzen.

SCHNEIDER Spüren Sie schon was? Bei mir wird es schon ein bißchen weiter.

BLEY Ich fühle mich wie hinter einer Mauer. Von allem abgesperrt. Wie tot.

Während Pfarrer Bley redet, wächst aus dem Schoß von Magda Schneider eine Gummi-Vagina – wie ein Schlauchboot mit Spalt. Die Vagina wird langsam größer und größer, so groß wie eine Saaltür.

BLEY Wenn ich abends nach der Messe durch die Gassen des Dorfes gehe, denke ich an die Menschen hinter den Fassaden der Häuser. Ich denke daran, was sie einander antun, aber ich spüre es nicht. Sie kommen in den Beichtstuhl, flüstern mir ihre Sünden zu, und ich vergebe ihnen. Aber ich weiß nicht, was ich ihnen vergebe. Natürlich weiß ich, wovon sie reden, aber ich habe keine Ahnung, wie es ist. Im Konvikt, im Priesterseminar, in den wachen Nächten im Pfarrhof, immer bin ich der Sünde ausgewichen, bis ich nicht mehr wußte, was sie ist. Ich kann die Sünde nicht mehr finden. Ich habe mich verloren. Ich habe Gott verloren.

Die Vagina von Magda Schneider hat ihre volle Türgröße erreicht.

SCHNEIDER Ich glaube, es ist soweit.

Bley steht auf und stellt sich vor die Vagina. Er schwankt ein wenig.

BLEY Was muß ich tun?

SCHNEIDER Man muß ja nicht gleich hineinrennen. Im
  Jahre 1963 war ich mit meinem Mann in BIBIONE, da-
  mals war das noch nicht so überlaufen. Ich hab' mir gedacht, daß sich in der südlichen Sonne mit ihm alles wieder einrenken wird, aber es war nichts. Da hab' ich ihm
  am Strand gesagt, ich muß den nassen Badeanzug wech-
  seln gehen, und bin ins Hotel gegangen. Dort hat der
  Mario auf mich gewartet, er hat in der Hotelküche gearbeitet, und wir sind schnell in sein Zimmer gegangen.
  Der hat es schön langsam gemacht. Bevor man bei der
  Frau hineinfährt, hat er gesagt, muß man von ihr man-
  giare und noch irgendwas. Essen und trinken. *Weihevoll*
  Er hat von mir gegessen und getrunken.

BLEY Das ist wie in der Wandlung.

  Schweigen.

SCHNEIDER Probieren Sie es einmal mit der Hand, Herr
  Pfarrer.

  *Pfarrer Bley steckt seine Hand in den Spalt der Gummi-
  Vagina.*

SCHNEIDER Gefällt es Ihnen, und darf ich bei dieser Gele-
  genheit »du« sagen?

BLEY Gerne.

SCHNEIDER Mich kennst du ja schon. Magda Schneider.
  Kennst du ihre Filme? »Zwei glückliche Menschen«,
  zum Beispiel?

BLEY Ich heiße Christian.

SCHNEIDER Magst du zu mir kommen, Christian?

  Pfarrer Bley geht durch den Spalt der Gummi-Vagina.

SCHNEIDER *ruft* Wie fühlst du dich da drinnen?

BLEY *von innen* Schön warm, aber ein bißchen einsam.

SCHNEIDER *ruft* Einsam ist man immer. Aber zu zweit ist
  man ein bißchen weniger einsam. Soll ich dir etwas verraten, Christian? Seit 13 Jahren hat kein Mann mehr mit
  mir geschlafen. Du bist der erste nach so langer Zeit, und

dann gleich ein Pfarrer. Das vergesse ich dir nie. Wenn du mich einmal brauchst, dann bin ich da. Für dich immer. Hörst du BING CROSBY da drinnen?

BLEY Sehr gedämpft.

SCHNEIDER Ich mach' ihn lauter.

Sie dreht den Kassettenrekorder lauter. »White Christ-mas« ertönt in voller Lautstärke. Blackout. Man hört Bing Crosby.

Sechste Szene

»White Christmas« klingt aus. 9 Uhr abends. Im Wohn-zimmer von Frau Alma Hahn. Alma Hahn ist eine gepfleg-te, schlanke, ältere Dame, eine ehemalige Schauspiellehre-rin. Links fällt – durch eine offene Tür – Licht in das dunkle Wohnzimmer. In der Mitte des Raumes hängt, auf einem »stummen Diener«, die Uniform eines Generals der Flie-gerabwehr der Deutschen Wehrmacht. Man kann die Uni-form kaum erkennen. Rechts steht ein Klavier, ebenfalls im Halbdunkel. Alma Hahn steht bei der offenen Tür, im Licht. Stille.

HAHN *ruft* Sauber?

Rudi Hoffmann kommt aus dem beleuchteten Raum, der offensichtlich ein Badezimmer ist. Er hat seine Jeans an, sein Oberkörper ist nackt. Er streckt Alma Hahn sei-ne Hände hin. Er lacht verlegen. Er weiß nicht so recht, was hier vorgeht. Alma Hahn prüft seine Hände.

HAHN Die Hände mögen sauber sein, aber sieh dir doch die Fingernägel an. Diese schwarzen Streifen. Zurück ins Badezimmer.

RUDI Beim Film muß man nicht sauber sein.

HAHN Keine Widerrede. Bevor ich meine Schüler in das Rampenlicht schicke, müssen sie sauber sein. Durch und durch sauber. Wer außen dreckig ist, ist es auch innen.

Rudi geht zurück ins Badezimmer. Schweigen.

HAHN *ruft* Rudolf! Du heißt doch Rudolf?

RUDI *von drinnen* Rudi.

HAHN Du trägst einen alten deutschen Vornamen. Weißt du das? Er setzt sich aus zwei Bestandteilen zusammen. Dem germanischen »Ruhm« und dem althochdeutschen Wort »Wolf«. Man könnte deinen Namen mit »der Ruhm des Wolfes« übersetzen.

Rudi kommt aus dem Badezimmer. Er hält ihr die Hände hin.

HAHN Die Hände sind in Ordnung. Der Hals ist rein. Und was ist das?

Sie fährt ihm mit dem Finger ins Ohr.

RUDI Au!

HAHN Gelbes, schmieriges Ohrenschmalz. Glaubst du, es macht mir Freude, in deinen Ohren herumzufahren? Ich will dir helfen. Ein Darsteller muß etwas darstellen. Sauberkeit, Kraft, Männlichkeit. Wir werden daran arbeiten, Rudolf. Mit aller Härte werden wir daran arbeiten. Aus räudigen Hunden habe ich Heroen gemacht, und das wird mir auch bei dir gelingen.

Sie weist ihn mit einer Geste ins Badezimmer. Er geht. Schweigen.

HAHN *ruft* Woher hast du meine Nummer, Rudolf?

RUDI *von drinnen* Vom Gemeindesekretär. Er hat gesagt, ich soll mich bei Ihnen melden, wenn ich zum Film will.

HAHN *laut* Und was hat er noch gesagt? Über mich?

RUDI *von drinnen* Der redet nicht viel. Nur wenn er angesoffen ist, sagt er, daß alles, was man über den Hitler und die Juden sagt, falsch ist.

HAHN Komm heraus, Rudolf!

Rudi kommt aus dem Badezimmer.

HAHN Ich kenne den Mann. Ich habe ihn bei einer dieser Feiern kennengelernt. Er ist im Grunde seines Herzens ein anständiger Mensch. Aber er ist zu dick, viel zu dick.

Der Mensch muß Form haben, Rudolf, Form. Du hast Form.

Sie fährt ihm über die Brust.

HAHN Zeig mir dein Profil, Rudolf.

Sie nimmt ihn am Kinn und hält seinen Kopf hoch.

HAHN Ein schöner Kopf. Ebenmäßige Konturen, klarer Ausdruck. Klar und entschlossen.

RUDI Und die Muskeln?

Er spannt seine Muskeln an.

HAHN Sieh mich an, Rudolf. Meine Arme, meine Beine. Kein Gramm Fett, alles fest. Schau her.

Sie macht einen Spagat. Sie sitzt mit gegrätschten Beinen am Boden.

HAHN Weißt du, wie alt ich bin? Das macht mir niemand nach. Niemand.

Rudi schaut sie an. Schweigen.

HAHN Willst du mich nicht hochheben? Bist du kein Galan?

Rudi zieht sie hoch.

HAHN Steh gerade und küß mir die Hand.

Rudi schaut sie an. Er küßt ihr verlegen und linkisch die Hand.

HAHN Man küßt nicht wirklich. Man deutet die Berührung nur an. Und jetzt nimm mich um die Mitte.

RUDI Sie?

HAHN Na und? Stell dir vor, ich sei eines dieser gräßlich primitiven Landmädchen, die du reihenweise aufs Kreuz gelegt hast.

Rudi macht sich an sie heran und faßt sie um die Mitte.

HAHN Faß mich nicht an! In der Kunst geht es um das Symbolische, nicht um das Buchstäbliche. Alles ist Andeutung. Hast du das begriffen?

Schweigen. Alma Hahn schaut Rudi von oben bis unten an.

RUDI Stimmt es, daß man beim Film an einem Tag mehr verdient als beim Theater in einem Monat?

Schweigen. Hahn geht zur Wand und betätigt den Licht-
schalter. Ein Lichtkegel fällt auf die Generalsuniform.

RUDI Super. Ist die für den Film?

HAHN Das ist die Uniform meines Mannes. Er war General
der Fliegerabwehr. Er ist in Smolensk gefallen. Seine Soldaten haben ihn geliebt. Zieh sie an. Den Rock.

Rudi zieht den Generalsrock an. Alma Hahn beobachtet
ihn dabei. Rudi hält eine imaginäre Maschinenpistole in
der Hand und feuert.

RUDI Tak. Tak. Tak. Tak. Tak. Der Iwan kommt rudelwei-
se über das Feld. Steiner springt aus dem Schützengraben und mäht alles nieder. Der Iwan gibt nicht auf. Er
schickt noch ein Rudel, aber sie haben keine Chance.
Steiner killt sie alle. Tak. Tak. Tak. Tak. Tak. In der
nächsten Szene steht Steiner vor der Tür von einem russischen Bauernhaus. Er tritt die Tür ein und feuert so lange, bis sich nichts mehr regt. Tak. Tak. Tak. Tak. Tak.

HAHN Alles, was man über die Wehrmacht sagt, ist falsch.

RUDI Genau. Die Uniform ist super.

HAHN Stell dich hier auf, und jetzt sagst du den Satz von
Karl Moor aus Schillers »Räubern«: »Pfui! Pfui über das
schlappe Kastratenjahrhundert!« Sag es laut, mit all der
schönen Kraft, die in dir steckt.

RUDI Was soll ich sagen?

HAHN »Pfui! Pfui über das schlappe Kastratenjahrhundert!«

RUDI *leise und verunsichert* Pfui! Pfui über das schlappe
Kastratenjahrhundert.

HAHN Das ist nichts. Absolut nichts. Aber ich werde die
Stimme aus dir herausholen, und wenn ich sie heraus-
prügeln muß. Stell dir diese fettleibigen Beamten in den
Ämtern vor, wo ich immer hingehen muß. Ich sage ihnen
meinen Künstlernamen, aber sie kennen ihn nicht. Sie
wollen, daß ich ihn buchstabiere. Sie haben keine Ahnung von Kunst, nur ihre Formulare und ihre Verdau-

ung interessiert sie. Du stehst vor diesen aufgeblasenen, schwammigen, absolut degoutanten Büromenschen, und was schleuderst du ihnen entgegen, mit all deiner Kraft und Herrlichkeit ...?

RUDI *etwas lauter, aber völlig daneben* Pfui! Pfui über das schlappe Kastratenjahrhundert.

HAHN Das war schon besser, aber es war nichts. Nicht verzweifeln, nicht verzweifeln. Rudolf, du bist ein großer, starker Mann. Du blickst über dieses Land, über diese Stadt, und was siehst du? Schmutzige Ausländer an allen Ecken und Enden, rauschgiftsüchtige Jugendliche, arbeitsscheue Individuen, korrupte Politiker, gekaufte Schreiberlinge, nichts als winselnde Wiedergutmacher, und was erfaßt dich beim Anblick dieser Kreaturen?

RUDI Ein Haß.

HAHN Abscheu und Ekel erfaßt dich, und du schreist in diese Horde ... Pfui! Pfui über das schlappe Kastratenjahrhundert!

RUDI *laut, aber noch immer völlig daneben* Pfui! Pfui über das schlappe Kastratenjahrhundert.

HAHN Oh Gott!

RUDI Wie war ich?

HAHN Gut. Besser.

RUDI Was ist ein Kastratenjahrhundert?

HAHN Hör mir zu, Rudolf. Ich erkläre es dir. Im Oktober 1938 fand im Burgtheater eine Festveranstaltung statt. Es wird ein Prolog verlesen, ein Hohelied auf den Führer und das Dritte Reich. Der Hitler hat ja nie leugnen können, daß er ein Prolet ist. Aber die Veranstaltung war wunderschön. Am nächsten Tag schrieben die Wiener Zeitungen, daß man das berühmte Burgtheaterdeutsch noch nie so hell, so klar, so kräftig, so inbrünstig vernommen hätte. Und was ist heute auf dieser Bühne? Da tummeln sich lispelnde Nichtskönner und notorische Leisesprecher. Die Kunst, die uns erhöhen und erbauen

sollte, wird herabgezerrt in die Niederungen des Alltäg-
lichen, des Gewöhnlichen, des Ordinären. Und was
schreist du aus dir heraus, wenn du das alles siehst?

RUDI *schreit, mit grotesk falscher Betonung* Pfui! Pfui
über dieses Kastratenjahrhundert!

HAHN Aus. Schluß. Aus. Pause.

Sie bekommt einen Lachanfall.

RUDI Sie wollen sich über mich lustig machen.

HAHN Nein. Du hast absolut kein Talent. Das ist alles.

RUDI *wird immer aufgeregter* Beim Film muß man nicht so
viel reden. Da kommt es auf Härte an. Sie machen sich
nur über mich lustig. Glauben Sie, ich lasse mir alles gefallen? Von so einer Alten?

HAHN *schaut ihn an und nickt* Die letzten beiden Sätze.
Wiederhol die letzten beiden Sätze.

RUDI *beginnt zu schreien* Was soll ich? Einen Dreck werde
ich. Glauben Sie, ich fürchte mich vor Ihnen? Nur weil
Sie Geld oder Beziehungen oder sonstwas haben?

HAHN Weiter. Weiter. Jetzt kommt der Ton.

RUDI Lesen Sie Zeitungen? Da steht immer wieder, daß
ein junger einer Alten den Hals umdreht und mit dem
ganzen Geld davongeht.

HAHN *lockend* Ich habe Geld, Rudolf, viel Geld. Viel, viel
Geld.

RUDI Ich scheiße auf euch alle!

HAHN *voller Erregung* Und wir auf dich, Rudolf. Du arbeitsloser Nichtskönner. Glaubst du wirklich, daß du in
unseren Kreisen Aufnahme findest, weil du etwas besser
aussiehst? Wir werden dich zurückstoßen in den Dreck,
aus dem du hervorgekrochen bist.

RUDI Geh scheißen, du vertrocknete Vogelscheuche.

HAHN Wir werden dich und deinesgleichen in Lager stek-
ken, damit wir dieses Primitive nicht mehr ertragen müssen.

RUDI Ich bring dich um, du Sau.

Rudi geht mit ausgestreckten Händen auf Alma Hahn
los. Sie legt sich auf den Boden, schließt ihre Augen und
streckt alle viere von sich. Rudi starrt sie an.

HAHN Nimm mich. Oh, nimm mich. Erinnerst du dich an
den Fliegerball? Alle waren sie da. Göring, Gallant,
Gründgens, die strahlenden Männer des Reiches. Im
Frack, in weißen, in aquamarinblauen, in schwarzen
Uniformen. Die goldenen Schulterstücke, die goldenen
Koppeln blitzten. Die Damen trugen Weiß, Azur und
Rosa. Die Herren waren galant, die Damen erwartungs-
voll. Der Champagner floß. Ich hatte gerade mein Film-
debüt hinter mir. Du nahmst meine Hände in die deinen,
küßtest sie beide und blicktest mir lange in die Augen.
Du führtest mich aus dem Saal, halb sträubte ich mich,
halb eilte ich mit dir, hinunter zu deinem offenen Wagen,
und wir fuhren hinaus zum Fliegerhorst. Du gabst der
Wache ein kleines, herrisches Zeichen, und sie ließ uns
passieren. Wir gingen, nein, wir rannten in den Hangar.
Du warfst den Propeller einer Maschine an, es war eine
nagelneue Messerschmidt 109. Niemand sollte die Laute
der Liebe hören. Du drücktest mich an den Rumpf der
Maschine, der Motor brüllte, der Propeller raste, und du
nahmst mich. Oh, wie du mich nahmst.

RUDI *kleinlaut* Bitte helfen Sie mir. Ich will zum Film.

Alma Hahn macht ihre Augen auf und steht auf.

HAHN Was willst du? Mein Geld? Weißt du, wieviel eine
pensionierte Schauspiellehrerin bekommt? Das Geld ist
in meiner Brieftasche, und die Brieftasche liegt in der
Kommode. Nimm es und verschwinde. Mein Gott, einer, der aussieht wie du, könnte Länder, die ganze Welt
könnte er erobern, und was will er? Eine halbleere Brieftasche.

Sie setzt sich ans Klavier, welches im Halbdunkel steht.
Sie wendet Rudi den Rücken zu und beginnt zu improvi-
sieren.

HAHN *singt* Die schöne Welt der Männer ist versunken.
Die schöne Welt der Männer ist vorbei.
Rudi beobachtet sie eine Weile. Er geht zu ihr hin, nimmt
sie von hinten und küßt ihr den Nacken ab. Sie hämmert
ins Klavier. Blackout. Man hört die Klaviermusik.

Siebte Szene

Die Klaviermusik klingt aus. 11 Uhr abends. Die Stadt-
wohnung von Franz André Müller, dem Besitzer einer Wer-
beagentur. In der Küche der Wohnung. In den anderen
Räumen findet offensichtlich ein großes Fest statt. Die Kü-
che ist übersät mit Serviertabletts, auf denen leere und
halbleere Gläser stehen. Kübel – voll mit Eis und Fla-
schen – stehen am Boden. Rudi Hoffmann kommt mit ei-
nem Tablett mit leeren Gläsern in die Küche und stellt das
Tablett ab. Er hat ein weißes, eng geschnittenes Kellner-
jackett mit goldenen Knöpfen an. Er stellt sich vor den
Spiegel, richtet sein Jackett zurecht und betrachtet sich
stolz. Die Küchentür geht auf. Zarah Leander schleift den
offensichtlich völlig betrunkenen Kaiser Nero in die Kü-
che. Zarah Leander hat einen Smokingrock mit Fliege und
schwarze Netzstrümpfe an. Kaiser Nero trägt die übliche
Toga und einen goldenen Lorbeerkranz, der ihm ins Ge-
sicht hängt. Rudi beobachtet die beiden. Zarah Leander
läßt Kaiser Nero aus. Nero legt sich flach auf den Boden
und rührt sich nicht. Zarah Leander schenkt sich ein Bier
ein. Zarah Leander ist Franz André Müller, der Besitzer der
Werbeagentur. Kaiser Nero ist der Bundesminister für
Landesverteidigung, Erwin Fischer. Rudi räuspert sich.

RUDI *zu Müller* Ich bin der Rudi Hoffmann.
MÜLLER *ohne Interesse* Ich bin Zarah Leander, und das ist
  Kaiser Nero.

Schweigen. Müller trinkt sein Bier, ohne Rudi zu beachten.

RUDI Hat Ihnen die Frau nichts von mir erzählt?

MÜLLER Welche Frau?

RUDI Die Frau Alma Hahn. Die Schauspiellehrerin.

MÜLLER Ach, die verrückte Alte. Die hat mich angerufen und mir irgend etwas von einem wahnsinnig steilen Naturburschen erzählt, mit dem ich unbedingt ein Casting machen muß.

RUDI Der bin ich.

MÜLLER Und wieso arbeitest du bei mir als Kellner?

RUDI Ich hab' oft in Ihrer Werbeagentur angerufen, und die Sekretärin hat gesagt, sie verbindet mich, und dann ist es immer abgeschnappt. Und jetzt bin ich da.

MÜLLER Jetzt bist du da.

Schweigen. Müller betrachtet Rudi.

MÜLLER Wahnsinnsparty, was? War meine Idee. Identitätsparty. Sei, wie du bist. Ich glaube, daß die Identität überhaupt das größte Problem ist. Ich meine das nicht gesellschaftlich, da ist ja alles klar. Du bist Werbechef, du bist Bankdirektor, du bist Manager, du bist Politiker, okay. Nein, ich meine es menschlich. Was bist du für ein Mensch? Wer bist du wirklich, jenseits aller Titel und Positionen? Ich zum Beispiel bin zwei Menschen. Ein Zwitter sozusagen. Der eine ist total leer, depressiv, kommunikationsunfähig, hängt sicher mit der Kindheit zusammen. Wenn ich der andere bin, bin ich hyperaktiv, eine Idee jagt die andere, ein einziger Flash. Und du? Wie bist du drauf?

RUDI *aufgeregt* Super.

Schweigen. Müller betrachtet Rudi. Müller hebt sein Bierglas.

MÜLLER Was ist das?

RUDI *schnell* Bier.

MÜLLER Das ist das Bier eines meiner Kunden. Er gibt drei-

ßig Millionen dafür aus, damit die ganze Nation sein
Bier säuft. Nach einem 30-Sekunden-TV-Spot muß jeder
glauben, er verdurstet, wenn er nicht dieses Bier kriegt.
Okay?

*Müller kreuzt die Finger vor seinen Augen. Er betrachtet
Rudi, als würde er ihn durch das Objektiv einer Kamera
sehen.*

MÜLLER Du bist Holzfäller. Du hast deine schwere Arbeit
beendet. Du schulterst die Hacke. Nah. Dein Mund ist
ausgetrocknet. Deine Lippen sind aufgesprungen. Dein
Durst ist übermächtig. Du kommst aus dem Wald. Totale. Du trittst in die Landschaft. Die Leitungsmasten werden wegretuschiert. Eine Bauernmagd kommt auf dich
zu. Blonde Zöpfe, draller Busen. Halbnah. Sie befeuch-
tet ihre Lippen mit der Zunge. Nah. Sie bietet dir ihre
nassen Lippen an. Du nimmst sie nicht wahr. Du kennst
nur ein Ziel. Du verachtest sie.

RUDI *voller Bereitschaft* Ich haue ihr eins in den Magen,
dann krümmt sie sich nach vorn, dann Handkanten-
schlag ins Genick und aus.

MÜLLER Ruhe. Kein Ton. Es läuft alles über Emotion. Du
kommst ins Dorf. Die Wirtin, sie mag dich, steht am offenen Fenster des Wirtshauses. Sie hält dir ein Bier hin.
Es ist von der Konkurrenz. Du bist halb wahnsinnig vor
Durst. Aber du weißt, wenn du dieses Bier trinkst, wird
es ein schales, leeres, abgestandenes Bier sein. Du haßt
diese Frau. Du tötest sie mit deinem Blick.

*Ein magersüchtiges Mädchen in einem enganliegenden
Fitness-Dress kommt in die Küche. Hinter ihr kommen
ein Kardinal und ein Vogel. Müller wendet sich sofort
von Rudi ab und läßt ihn stehen. Der Kardinal ist der
Waffenhändler Walter Leschitzky. Der Vogel ist der
Journalist Peter Paul Sänger. Das magersüchtige Mäd-
chen ist die Tochter Leschitzkys, Evelyne. Sie geht zum
Abwasch, füllt ein Glas mit Wasser und spült ihren
Mund aus.*

LESCHITZKY *zu Evelyne* Ist dir nicht gut, Evelyne? Möchtest du etwas Trockenes essen.

*Evelyne ignoriert ihn, geht in eine Ecke der Küche und
setzt sich – mit dem Rücken zu den anderen – auf einen
Stuhl. Sie starrt vor sich hin.*

LESCHITZKY *lachend zu Müller* Ihre Identitätsparty ist ja
ein voller Erfolg. Sei, wie du bist. In Ausübung dieses
Mottos habe ich gerade zu den Herren da draußen gesagt, meine Herren, habe ich gesagt, ich bin ein offener
und gerader Mensch, und deshalb sage ich Ihnen ins Gesicht, ich glaube, es gibt keinen unter Ihnen, den ich
nicht schon einmal bestochen habe. Ich habe sozusagen
Ihre ganze Partei aufgekauft. Wäre es da nicht logisch,
wenn ich auch noch Ihre marode Parteizeitung dazukau-
fe? Die Herren wußten nicht, ob sie lachen oder ernst
bleiben sollten. Was halten Sie von dieser Idee? Hätten
Sie nicht Lust, sich an einer solchen Zeitung zu beteili-
gen? Natürlich müßte man überlegen, welche Richtung
man dieser Zeitung gibt. Konservativ-wertgebunden?
Oder liberal-horizontal? Oder vielleicht links-neutral?
Direkt, wie ich nun einmal bin, habe ich mich gleich mit
einem Journalisten unterhalten. Dieser junge Mann *er
zeigt auf den Vogel* würde gerne mitarbeiten und ist offen für jede Richtung. Stimmt doch, oder?

Sänger nickt mit seinem Vogelkopf.

LESCHITZKY Ich hab' offene Menschen gerne. Offene
Menschen hab' ich einfach gerne. Wie war doch Ihr
Name?

SÄNGER Sänger.

LESCHITZKY Nein, nein. Ich meine diese drei Buchstaben.

SÄNGER Peter Paul Sänger, P. P. S.

LESCHITZKY *zu Müller* Originell, was?

*Leschitzky sieht den am Boden liegenden Kaiser Nero
alias Minister Fischer.*

LESCHITZKY Was hat denn unser Herr Minister?

FISCHER Rom brennt.

Leschitzky und Müller lachen. Das Lachen hört langsam auf. Es entsteht eine kurze, peinliche Stille. Evelyne Leschitzky lacht laut und schrill auf. Sie steht auf und geht zur Tür. Peter Paul Sänger spricht sie an.

SÄNGER Was machen Sie beruflich? Studieren Sie?

Evelyne schaut ihn an und reagiert nicht. Schweigen. Rudi fühlt sich von den Anwesenden völlig ignoriert. Er zieht seine Pistole, entsichert sie, läuft zu Evelyne Leschitzky und setzt ihr die Pistole an die Schläfe.

RUDI *zu Müller* Das kann ich auch. Das hab' ich in einem Film gesehen. Nicht im Kino, im Fernsehen. Zwei Räuber haben die Bank überfallen und sind mit dem Auto und den Geiseln weg. Alle sind ihnen nach, aber keiner hat sich getraut, ihnen was zu tun. Dann haben sie einen Autobus voll mit Geiseln genommen, und die Polizei hat sich noch weniger getraut. Dann haben sie von den Geiseln zwei Frauen ausgesucht und sind mit einem schnellen Auto davon. Auf der Autobahn hat die Polizei sie überfallen, und dann hat der eine Räuber die eine Frau erschossen. Das kann ich auch. Das bring' ich auch zusammen.

MÜLLER *schreit* Weg mit der Waffe!

RUDI *schreit* Wenn ich bei dem Film nicht mitspielen kann, mach' ich das auch. Ich bin beinhart!

Müller und Leschitzky weichen ein paar Schritte zurück. Sänger geht auf Zehenspitzen zur Küchentür. Rudi richtet die Waffe auf ihn.

RUDI Stehenbleiben!

Sänger bleibt stehen. Evelyne schaut Rudi an. Rudi setzt die Pistole wieder an ihre Schläfe. Schweigen. Plötzlich lacht Leschitzky laut heraus.

LESCHITZKY Ich sage Ihnen, meine Herrschaften, dieser junge Mann hat uns alle übertroffen. Das ist eindeutig die beste Identitätsdarstellung. Sei, wie du bist. Eins zu eins. Großartig.

MÜLLER Von Waffen war nie die Rede.

LESCHITZKY Aber ich bitte Sie, lieber Müller. Von Waffen
ist beinahe immer die Rede. Ich rede gerne über Waffen,
ist ja auch mein Beruf. Sie reden doch auch gerne über
den Ihren. Tatsache ist, daß heute ein Drittel unserer Ex-
porte Waffen und anverwandtes Gerät sind. Wir tragen
doch ganz wesentlich zum Wohlstand dieses Landes bei.
Soll ich mich dafür schämen? Wenn ich allerdings daran
denke, was man so alles über mich redet, könnte ich
mich ja beinahe für den Teufel in Person halten.

*Während er redet und lacht, geht er langsam auf Rudi
zu.*

LESCHITZKY Und was die Medien erst über mich schreiben, wenn ich das alles ernst nehmen würde. Die dunklen Geschäfte des Waffenhändlers Leschitzky. Von wegen dunkel. Haben Sie eine Ahnung, wie viele Sitzungen,
Angebotserstellungen, Telefonate, Telexe notwendig
sind, bis so ein Geschäft zustande kommt. Nicht zu vergessen die Exportgenehmigungen durch die zuständigen
Ministerien. *Zu Sänger:* Na, Sie Vogel, Sie haben ja auch
einiges über mich geschrieben. Geben Sie es doch zu.

Sänger hebt bedauernd und entschuldigend seine Flügel.

LESCHITZKY Ich nehme es Ihnen nicht übel. Im Gegenteil.
Unser Freund Müller macht Werbefilme, ich verkaufe
Waffen, und der P. P. S. kritisiert mich. So soll es sein, und
so muß es sein. Wir leben in einer freien Gesellschaft.

Leschitzky ist ganz nahe bei Rudi.

LESCHITZKY Und dieser junge Mann will zum Film. Ist
doch wunderbar. Geben Sie ihm doch die Rolle, Müller.
Ich habe aufstrebende, junge Menschen gerne. Was haben wir denn da? Keine Angst, ich will Ihnen die Pistole
nicht wegnehmen. Ich bin gerührt. Ich bin aufrichtig gerührt. *Zu Müller:* Wissen Sie, womit dieser junge Mann
gerade meine Tochter berührt? Mit einer alten FN-
Browning. Mit so etwas habe ich angefangen, ganz klein

habe ich angefangen. Das ist eine Rarität, meine Herren. Findet man nur in ganz zurückgebliebenen, kleinen Waffengeschäften am Lande. Junger Mann, Sie haben mich an die Quellen meines Berufes geführt. Zurück in die Zeit der ersten Hoffnungen, der ersten Rückschläge. Ich war wie Sie. Stürmisch wollte ich nach oben, koste es, was es wolle. Aber da war die Welt, die verschlossen und abweisend auf mich blickte. Und da waren vor allem die lieben Kollegen, die keinen Neuen im Geschäft duldeten. Ich bin gerührt. Ich bin wirklich gerührt. Junger Mann, hier, nehmen Sie meine Karte. *Er drückt seine Visitenkarte in Rudis Hand und nimmt ihm die Pistole weg. Rudi läßt es geschehen und betrachtet die Visitenkarte.* Wenn Sie einmal Hilfe brauchen, auf Ihrem harten Weg nach oben, melden Sie sich. Sie werden immer ein offenes Ohr bei mir finden.

Die Küchentür fliegt auf. Laute Marschmusik dröhnt herein. Die Partygäste haben eine Schlange gebildet, sie stürmen in die Küche. Es sind Manager, Politiker, Modefriseure, Werbeleute, Anwälte, in aberwitzigsten Verkleidungen. Sie nehmen Sänger, Evelyne, Leschitzky, Müller und Kaiser Nero an den Händen und ziehen sie in die Reihe. Die Schlange marschiert trampelnd und johlend aus der Küche. Rudi schließt die Küchentür. Er betrachtet die Visitenkarte, trommelt sich mit den Händen auf die Brust und läßt einen Freudenschrei los. Von draußen hört man die Marschmusik. Rudi nimmt ein Tablett und stellt saubere Gläser darauf. Er nimmt das Tablett hoch und geht zur Küchentür. Die Küchentür geht auf, und Evelyne Leschitzky kommt herein. Sie hat Rudis Pistole in der Hand. Sie richtet sie auf Rudi. Rudi weicht – mit dem Tablett in den Händen – zurück. Plötzlich hält Evelyne Rudi die Pistole hin.

EVELYNE Bitte machen Sie es noch einmal.

RUDI Was?

EVELYNE Setzen Sie mir die Pistole an die Schläfe.

RUDI Nein. Nein. Ich will Ihren Vater nicht ärgern. Der ist so toll.

EVELYNE Er ist tot.

RUDI Wieso tot?

EVELYNE Jeder, der lebt, ist tot. Alle Lebenden sind tot. Weißt du das nicht? Auf der Welt ist alles umgekehrt. Immer das Gegenteil. Die Lebenden sind tot. Die Nacht ist der Tag. Der Schmerz ist die Freude. Das Helle ist dunkel. Wer dünn ist, ist dick.

Rudi stellt das Tablett ab, lacht, nimmt ihr die Pistole aus der Hand und steckt sie ein.

RUDI *lachend* Sind Sie auch tot?

Evelyne schaut ihn lange an.

EVELYNE Ja, leider.

RUDI *lachend* Und ich? Was ist mit mir?

Rudi nimmt das Tablett wieder auf.

EVELYNE Ich weiß es nicht. Ich kann dich nicht sehen. Es ist so dunkel hier.

RUDI *lachend* Es ist hell.

EVELYNE Vergiß nicht. Das Helle ist dunkel. Und das Dunkle ist hell. Wenn ich dich sehen soll, mußt du das Licht abdrehen.

Rudi schaut sie an. Er stellt das Tablett wieder ab, geht zum Drehschalter und macht das Licht etwas schwächer.

RUDI Paßt es so?

EVELYNE Nein. Es ist noch zu wenig hell.

Rudi dreht das Licht noch schwächer. Der Raum ist fast dunkel.

EVELYNE Komm her. Jetzt kann ich dich sehen.

Rudi geht zu ihr hin. Sie fährt ganz langsam mit ihren Fingern über Rudis Gesicht, über seine Brust, über seinen Bauch, über seine Beine, über seine Füße.

EVELYNE Du lebst.

RUDI *lacht* Bin ich froh.

EVELYNE Du kannst mir helfen.

RUDI Wie denn?

EVELYNE Du mußt mich erschüttern.

RUDI Wie geht das?

EVELYNE Wie ich es dir gesagt habe. Nimm die Pistole und
setze sie an meine Schläfe. Aber fest.

*Rudi schaut zur Küchentür und nimmt seine Pistole her-
aus und setzt sie zögernd an Evelynes Schläfe. Sie nimmt
den Lauf in ihre Hand. Rudi will die Pistole wegziehen,
sie drückt den Lauf fest an ihre Schläfe. Sie fährt mit dem
Lauf über ihr Gesicht, über den Hals, über ihre Brust.
Rudi will seine Hand wegziehen, sie hält den Pistolen-
lauf fest. Sie fährt mit dem Lauf über ihren Bauch, zwischen ihre Beine. Ein Schuß löst sich. Blackout. Man
hört die Marschmusik.*

Achte Szene

*Die Marschmusik klingt aus. Stille. 2 Uhr nachts. In der
Sozialwohnung von Magda Schneider. Der Raum wird von
Taschenlampen erleuchtet, die an der Wand hängen.
Schneider stellt in Cellophan verpackte, große Schokola-
den-Osterhasen in die Mitte des Raumes.*

BLEYS STIMME *aus dem Kasten* Wo ist das Kokain?

SCHNEIDER Gleich kommt der Osterhase.

*Man hört, wie Pfarrer Bley mit den Füßen gegen die In-
nenwände des Kastens trommelt.*

BLEYS STIMME *aus dem Kasten* Magda, wo hast du das
Kokain versteckt?

SCHNEIDER Ruhe. Sonst läuft der Osterhase weg.

*Man hört Trampeln und Brüllen aus dem Kasten.
Schneider schaut sich in Ruhe das Osterhasen-Arrange-
ment an. Sie geht zum Warenberg, nimmt einige Schoko-*

ladeeier und Schokoladeküken, geht zurück zum Arran-
gement und drapiert es. Bley trommelt gegen die
Kastenwände und brüllt. Schneider geht zum Kasten
und sperrt ihn auf.

SCHNEIDER Der Osterhase ist da.

Bley kriecht auf allen vieren aus dem Kasten.

BLEY Wo ist es versteckt? Wo ist es versteckt?

SCHNEIDER Frohe Ostern.

BLEY Ostern? Warum ist jetzt Ostern? Jetzt ist doch nicht
Ostern.

SCHNEIDER Das Schokoladezeug wird sonst ranzig.

Bley kriecht auf allen vieren zum Kassettenrekorder. Er
stellt auf PLAY. Es ist keine Kassette im Rekorder. Man
hört nur das überlaute Rauschen des Rekorders. Bley
preßt sein Ohr an den Lautsprecher. Schneider geht zu
ihm hin und stellt den Kassettenrekorder ab.

BLEY Es tut so weh, Magda. Es tut so weh. Hilf mir.

Schneider stellt sich hinter die Osterhasen. Bley kriecht
ihr nach und zwängt seinen Kopf zwischen ihre Beine.

BLEY Magda! Magda! Weißt du, wo ich immer hingehe,
Magda? Ich gehe zum Bahnhof, zu den süchtigen Kindern, Magda. Ich muß tun, was sie tun. Ich gehe mit ihnen in die Toiletten, Magda, und wir teilen das Zeugs.
Wenn die Razzia kommt, Magda, laufe ich mit ihnen davon. Und manchmal, Magda, manchmal gehe ich zu den
Plätzen, wo die Ausländer, die Flüchtlinge sitzen und auf
eine Arbeit warten. Sie warten, Magda, bis einer vorbei-
kommt und ihnen Arbeit gibt. Für ein paar Stunden,
Magda, für einen Tag. Ich verleugne meine Sprache, um
einer von ihnen zu sein. Nachts, Magda, nachts bin ich
in den unterirdischen Geschäftspassagen. Ich sehe das
Erbrochene der betrunkenen Arbeitslosen, und weißt
du, was ich mache, Magda? Ich lege mich hinein. Ich
lege mich hinein in das Erbrochene. *Er schluchzt.* Ich bin
den Menschen nahe, Magda. So unendlich nahe. Hilf
mir, Magda, hilf mir.

SCHNEIDER Soll ich dir die neue Unterwäsche zeigen? Sie
ist um drei Nummern zu eng. Noch, aber das gibt sich.

BLEY Bleib hier, Magda. Geh nicht weg, Magda.

Er klammert sich an ihre Beine.

BLEY Du bist so schön, Magda, wie ein großer, unüber-
windlicher Berg.

SCHNEIDER Seit ich dich kenne, habe ich wieder eine Achtung vor mir. Ich stehle nur noch gesunde Sachen. Aus
der Diätabteilung. Egal, was bei den Süßwaren im Angebot ist.

BLEY Dein Körper kommt aus der Erde, und dein Antlitz
wächst in den Himmel. Du hast Täler, Magda, in denen
klare Bäche rinnen, und sanfte Hügel, Magda, und Bäume, in deren Schatten ich ewig verweilen kann.

SCHNEIDER Du wirst schon sehen, wie ich aussehen werde.
Du mußt dich nicht mehr für mich schämen. Du kannst
mich überallhin mitnehmen. Ich werde sogar in der Re-
klame auftreten. Vorher, nachher.

BLEY Es ist so schön mit dir, Magda. Sag mir einfach, wo
du es versteckt hast.

SCHNEIDER *fleht ihn an* Christian, hör auf.

*Pfarrer Bley beginnt zu schluchzen. Schneider schluchzt
mit ihm und streichelt ihm den Hals und den Rücken.
Pfarrer Bley beißt ihr in das Bein. Sie schreit auf.*

BLEY *schreit* Gib endlich das Zeug her, du Vettel.

Schneider tritt mit dem Fuß nach ihm.

SCHNEIDER Friß den Osterhasen!

BLEY Ja, Magda. Ich esse den Osterhasen. Ich bin brav,
Magda.

Bley kriecht auf allen vieren zu den Osterhasen.

BLEY Welchen soll ich denn essen, Magda?

SCHNEIDER Den größten.

BLEY Freilich, Magda. Den größten. Ich esse den größten.

*Er reißt das Cellophan von einem der Osterhasen und
wickelt ihn auf. Er stopft sich Schokolade in den Mund.
Er würgt sie hinunter.*

BLEY Bin ich lieb, Magda? Hast du mich so gerne? Kriege
ich etwas, wenn ich ihn brav aufesse?

SCHNEIDER Vielleicht.

BLEY Alles aufgegessen. Kein Krümelchen mehr vorhanden. Und jetzt, Magda, jetzt ...

SCHNEIDER *unterbricht ihn* Iß noch einen.

BLEY Noch einen, Magda? Das ist nicht schön von dir,
Magda. Wenn man einem Menschen etwas verspricht,
dann muß man es halten.

SCHNEIDER Iß!

*Bley wickelt einen zweiten Osterhasen aus und fängt an,
ihn hinunterzuwürgen.*

BLEY Nein, Magda, das ist wirklich nicht schön von dir.
Du hast keinen guten Charakter. Nein. Nein. Das ist
häßlich von dir. Sehr, sehr häßlich. *Er spuckt Schokolade aus und schreit.* Du bist so häßlich, Magda, so unendlich häßlich! *Er steht auf und springt ihr an die Gurgel.
Er würgt sie.*

BLEY Dein Fett! Deine Haare! Deine falschen Zähne!
Dein Atem! Deine faltige Haut! Alles ist so unendlich
häßlich!

*Schneider zeigt mit einer Hand immer wieder zum Wa-
renberg.*

SCHNEIDER *preßt hervor* Da. Da. Da. Da. Da.

BLEY Was ist da, Magda? Das Zeug? Warum sagst du es
nicht gleich, Magda?

*Er läßt sie los und stürzt zum Warenberg. Er wühlt wie
ein Maulwurf im Warenberg. Sie reibt sich den Hals. Sie
geht zum Osterarrangement und ißt – gedankenlos – den
Osterhasen auf.*

SCHNEIDER Ich verstehe es nicht. Mein ganzes Leben lang
werde ich es nicht verstehen. Man zeigt den Männern ein
Stück von seinem Herz, und sie wollen das ganze. Und
wenn man ihnen das ganze gibt, dann schlagen sie darauf ein. Immer schlagen sie darauf ein. Schlagen. Schlagen. Schlagen. Schlagen.

*Bley hat eine silberne Dose gefunden. Er öffnet sie. Er
nimmt einen kleinen Spiegel, ein Röhrchen, eine Rasierklinge und das Kokain heraus. Er schüttet das Kokain
auf den Spiegel und schiebt es mit der Rasierklinge zu einem kleinen Häufchen zusammen. Er steckt das Röhrchen in die Nase und zieht das Kokain auf.*

BLEY Verzeih mir, Magda. Du weißt gar nicht, wie leid es
mir tut, daß ich mich so benommen habe.

Es klopft.

BLEY *zu Schneider* Wer kommt da?

SCHNEIDER Was weiß ich?

Bley läßt das Kokain verschwinden.

BLEY Mach auf.

*Schneider geht zur Tür und sperrt auf. Rudi steht vor der
Tür. Er hat sein weißes Ober-Jackett an und ist völlig
durcheinander. Er hat eine Flasche Sekt in der Hand.*

BLEY Rudi! Komm herein.

Rudi kommt zögernd in den Raum.

BLEY Rudi, laß dich anschauen. Wie geht es dir? Was ist
los?

RUDI Kann ich da übernachten?

BLEY Natürlich kannst du hier übernachten. Nicht wahr,
Magda, er kann hier übernachten? Aber jetzt erzähle.
Was hast du alles erlebt?

Rudi hebt die Flasche Sekt in die Höhe.

RUDI Bald kennt mich jeder. Ich bin der Größte.

BLEY Hast du es geschafft? Bist du zum Film gekommen?

RUDI Ich habe alle besiegt.

BLEY Mach den Sekt auf, Rudi. Das müssen wir feiern.

*Bley holt drei Becher. Rudi macht den Sekt auf, schüttelt
die Flasche und spritzt den Sekt in den Raum.*

RUDI *schreit* Ich bin der Champion. Ich bin ganz oben. Ich
bin der Star.

Er gießt den Sekt in die Becher. Bley hebt seinen Becher.

BLEY Auf unseren Filmstar!

Schneider nimmt Rudi die Sektflasche aus der Hand und betrachtet sie.

SCHNEIDER Den kriegt man im Bahnhof. Gestohlen oder gekauft?

RUDI *zu Bley* Sie soll auch sagen, daß ich der Größte bin.

BLEY Bitte, Magda, bitte.

Schneider reagiert nicht. Bley nimmt Rudi um die Mitte und hebt ihn hoch.

BLEY Du bist der Größte. Du bist der Größte.

Er läßt Rudi wieder herunter. Rudi klammert sich an Bley und läßt ihn nicht mehr los.

BLEY Ist schon gut, Rudi, ist schon gut. Was ist los mit dir, Rudi? Ist dir nicht gut? Das ganze war zuviel für ihn. Bist du müde? Möchtest du schlafen? Reden können wir morgen auch noch. Warte, ich mache dir das Bett.

Bley löst sich von Rudi, geht zu den Matratzen und schiebt sie zurecht.

BLEY Komm, leg dich her.

Rudi rührt sich nicht. Bley führt ihn zu den Matratzen und hilft ihm beim Hinlegen.

BLEY Ruh dich aus, Rudi.

Schneider beobachtet die beiden.

SCHNEIDER Und wo werden wir schlafen?

BLEY *flehentlich* Magda.

Schneider nimmt den Becher mit Sekt und trinkt. Sie beobachtet die beiden.

BLEY Komm, Rudi, schließ die Augen. Ist es dir zu hell? Warte, ich mache es dunkler.

Bley steht auf und schaltet eine Reihe von Taschenlampen ab.

BLEY Ist es dir so recht, oder willst du es noch dunkler?

Schweigen. Rudi reagiert nicht.

BLEY Warte, ich lege mich zu dir. Dann kannst du besser einschlafen.

Bley legt sich neben Rudi. Schneider trinkt und beobachtet die beiden. Langes Schweigen.

BLEY Schläfst du?

Rudi schüttelt den Kopf.

BLEY Darf ich dich streicheln, damit du zur Ruhe kommst?

Bley öffnet die Knöpfe von Rudis Jackett und streichelt seine Brust. Schneider schaltet die Taschenlampen wieder ein.

BLEY Komm, Magda, leg dich neben uns.

Schneider legt sich neben Bley auf den Boden. Bley liegt jetzt in der Mitte, Rudi links außen und Schneider rechts außen. Langes Schweigen.

BLEY Möchtest du nicht doch ein bißchen erzählen, Rudi? Wie bist du zum Film gekommen? Wie hast du es geschafft?

RUDI Es war nicht leicht.

BLEY Ja, Rudi, ja. Hat dich die Dame zum Film gebracht? Darf ich dich hier auch streicheln?

Bley fährt mit seiner Hand in Rudis Hose und bewegt seine Hand langsam auf und ab. Schneider klammert sich wie ein Rucksack an Bley.

SCHNEIDER Das ist schön, wenn alle zusammen sind. Vater, Mutter, Kind.

BLEY Erzähle, Rudi, erzähle.

Bley fährt mit seiner Hand auf und ab.

RUDI Bei der Dame war es ganz schön hart.

BLEY Du mußtest viel lernen, bevor du zum Film durftest.

RUDI Dann habe ich den Herrn von der Werbefirma kennengelernt.

BLEY Er war sofort von dir begeistert.

RUDI Ich war ein Holzfäller, der einen irrsinnigen Durst auf ein Bier hat.

BLEY Du hast das großartig gespielt.

RUDI Dann sind ein Kardinal und ein Vogel gekommen.

BLEY Beim Film ist alles möglich.

RUDI Und die Evelyne.

BLEY Ein Mädchen?

RUDI Ja, so eine Magere.

BLEY Sie war sofort in dich verliebt.

RUDI Sie hat gesagt, daß ich lebe.

BLEY Und wie du lebst.

RUDI Ich muß sie erschüttern, hat sie gesagt.

BLEY Du hast sie erschüttert.

RUDI Sie hat meine Hand genommen und ist überall hinge-
fahren.

BLEY Überall.

RUDI Und auf einmal … aaaaah!

*Rudi schreit auf und krümmt sich zusammen. Bley zieht
seine Hand aus Rudis Hose. Schneider nimmt Bleys
Hand und schleckt sie ab. Bley beugt sich über Rudi.*

BLEY War es schön für dich, Rudi?

Plötzlich bäumt sich Rudi auf und schreit.

RUDI Ich habe das Mädchen erschossen. Erschossen. Erschossen.

Blackout. Pause.

Neunte Szene

*12 Uhr mittag. In der Penthousewohnung des Waffen-
händlers Walter Leschitzky. Man sieht einen großen, hellen
Raum, die ganze Rückfront ist aus Glas. Vor der Glas-
wand – in der Mitte – steht ein zugedeckter, länglicher Gegenstand. Er ist mit einem schwarzen Samttuch verhüllt.
Links eine Tür, rechts eine Tür, sonst nichts. Eine Stadtbahn fährt draußen vorbei. Diesmal hört man das Stadtbahngeräusch – im Unterschied zur vierten Szene – nicht
von oben, sondern von unten, und es ist wesentlich leiser.
Stille. Die linke Tür öffnet sich. Ein Diener im Gewand eines Jagdgehilfen – grüner Anzug und grüner Hut mit Feder – bringt Pfarrer Bley in den Raum. Der Diener läßt Bley*

stehen und geht durch die rechte Tür ab. Bley ist sehr auf-
geregt. Stille. Die linke Tür öffnet sich, und der Waffen-
händler Walter Leschitzky kommt in den Raum. Er hat ei-
nen schwarzen Anzug an.

LESCHITZKY *zu Bley* Was kann ich für Sie tun?

BLEY *voller Aufregung* Mein Name ist Christian Bley.

LESCHITZKY Ja?

BLEY Ich bin Priester.

LESCHITZKY Sehr schön. Ich habe ein gutes Verhältnis zur
     Geistlichkeit.

BLEY Mein Freund hat Ihre Tochter erschossen.

LESCHITZKY Ach.

BLEY Ich flehe Sie an. Er ist unschuldig.

LESCHITZKY Unschuld, lieber Herr Pfarrer, ist ein Zu-
     stand, den es auf dieser Welt nicht gibt. Wir alle sind
     Sünder. Die Sünde ist überall. Sie ist so selbstverständ-
     lich, daß sie beinahe eine Banalität ist. Aber das müßten
     Sie doch am besten wissen.

BLEY Es war ein Unfall. Ihre Tochter wollte, daß der Junge
     sie berührt. Mit der Pistole. Eine Art Spiel, verstehen
     Sie? Dabei muß sich dieser schreckliche Schuß gelöst ha-
     ben. In seiner Angst ist der Junge davongerannt. Bitte,
     glauben Sie mir. Er wollte Ihrer Tochter nichts antun.

LESCHITZKY Der junge Mann steht Ihnen wohl sehr nahe?

BLEY Ja.

LESCHITZKY Sie lieben ihn geradezu?

BLEY Ja.

LESCHITZKY Ich liebe meine Tochter.

     Die rechte Tür geht auf. Ein Jagdgehilfe führt Erwin
     Fischer, den Minister für Landesverteidigung, in den
     Raum. Leschitzky wendet sich von Bley ab.

LESCHITZKY Ah, Herr Minister. Das freut mich. Das freut
     mich sogar außerordentlich.

FISCHER Lieber Leschitzky, ich möchte mich auch bei Ih-
     nen in aller Form entschuldigen.

LESCHITZKY *lachend* Wofür denn?

FISCHER Mein Auftritt bei dieser sogenannten Identitätsparty als Kaiser Nero ... der Grad meiner Alkoholisie-
rung ... anders kann man es wohl nicht nennen ... glauben Sie mir, das ist wirklich nicht meine Art.

LESCHITZKY Aber ich bitte Sie, Herr Minister. Rom
brennt. Das war doch durch und durch gelungen. Die
beste Darstellung hat allerdings dieser junge Mann mit
der Pistole geliefert. Darf ich die Herren bekannt machen? Pfarrer Christian Bley, und das ist unser Minister
für Landesverteidigung, Herr Erwin Fischer.

FISCHER Angenehm. Lieber Leschitzky, ich bin terminlich
ein bißchen unter Druck.

LESCHITZKY Wie konnte ich das nur vergessen? Wir werden die Sache sofort hinter uns bringen. Stört Sie die Anwesenheit eines Geistlichen? Mich nicht. So etwas
nimmt meinem Beruf das Anrüchige.

*Leschitzky geht mit Fischer zu dem verdeckten Gegen-
stand. Bley geht in eine Ecke des Raumes.*

LESCHITZKY Lieber Herr Pfarrer, warum so abseits? Wir
haben nichts zu verbergen, im Gegenteil. Wir haben etwas zu enthüllen. Kommen Sie doch näher.

BLEY Ich warte, bis Sie wieder Zeit haben.

Leschitzky geht auf Bley zu.

LESCHITZKY Ich verspreche Ihnen, daß wir unser Gespräch gleich wieder fortsetzen. Aber jetzt müssen Sie
mir ein klein wenig Ihre Aufmerksamkeit schenken.

*Er nimmt Pfarrer Bley am Arm und führt ihn zum ver-
deckten Gegenstand. Er imitiert eine Fanfare und lacht.
Er nimmt das schwarze Samttuch vom Gegenstand. Ein
Gewehr auf einer Lafette kommt zum Vorschein. Der
Lauf des Gewehres zielt aus dem offenen Fenster der
Glasfront.*

LESCHITZKY Was Sie hier sehen, meine Herren, ist das absolut Neueste auf dem Gebiete der automatischen Feuer-

waffe. Das Ansuchen um Exporterlaubnis ist ausge-
fertigt. Ein Original, sechs Kopien. *Zum Minister* Sie
brauchen nur noch zu unterschreiben. Vorher aber
möchte ich Ihnen dieses Wunderding erklären. Seit Jahr-
hunderten zielt der Schütze auf das Opfer. Erst mit seinem Auge, später mit Hilfseinrichtungen, wie Zielfern-
rohr und dergleichen. Die Treffsicherheit stieg, stieg
sogar enorm, wenn man an die modernen Lasereinrich-
tungen denkt, aber es blieb ein Rest an Unsicherheit, an
Ungenauigkeit, oder, um es volkstümlich auszudrücken,
es wird noch immer danebengeschossen. Mit diesem Gewehr ist das unmöglich, die Trefferquote ist hundert
Prozent. Und dies, meine Herren, aus einem ganz einfachen Grunde. Es geht nicht mehr um das Auge des
Schützen, es geht um das Auge des Opfers. In der Iris des
Auges befindet sich eine Substanz, eine ciliare Pigmentfraktion, und auf diese Substanz ist das Projektil einge-
richtet oder abgerichtet, wenn man so will. Die Kugel
landet im Auge des Opfers, ob der Schütze nun etwas
besser oder schlechter zielt. Wie gesagt, hundertprozen-
tige Trefferquote. Sie folgen mir, meine Herren?

FISCHER Natürlich.

LESCHITZKY Nun hat die Wissenschaft herausgefunden,
daß diese Substanz, diese Pigmentfraktion in der Iris des
Auges, von Rasse zu Rasse unterschiedlich ist, und genau dieses Problem löst diese Einrichtung. *Er zeigt auf
eine Wahlscheibe, welche sich an der Seite des Gewehres
befindet.* Mit dieser Wahlscheibe stellen Sie die Rasse des
Opfers ein. Dieses Gewehr beispielsweise ist für den Export in den arabischen Raum bestimmt, nehmen wir also
den Überbegriff orientalische Rasse. *Er dreht den Zeiger
der Wahlscheibe auf »Orientalische Rasse«.* So. Und
jetzt zielen wir so ungefähr und drücken auf diesen
Knopf.

Ein Schuß fällt. Eher leise.

LESCHITZKY Das war's. Gedämpft. Rückstoßfrei und treff-
sicher. Was sagen Sie nun?

FISCHER Interessant.

LESCHITZKY Wollen Sie nicht probieren, lieber Minister?
Es geht so einfach. Sehen Sie doch.

Leschitzky drückt auf den Knopf. Der zweite Schuß fällt.

FISCHER Offen gesagt, lieber Leschitzky, ich bin im Grunde meines Wesens ein pazifistischer Mensch. Ich habe
das Verteidigungsministerium eher aus Verlegenheit
übernommen. Ich hatte vorher das Kultus- und dann das
Finanzministerium. Und ebenso offen gesagt, ich trete
für den Ausstieg des Staates aus der Waffenproduktion
ein. Ich bin eigentlich für die Schließung dieser Fabriken,
bleibt natürlich das Problem, wohin mit den Menschen,
die ihren Arbeitsplatz verlieren.

LESCHITZKY Aber das ist doch wunderbar. Diese Freige-
stellten sind doch alles Leute, die sich mit Waffen bestens
auskennen. Sie haben sie ja selbst hergestellt. Die müssen
nicht arbeitslos werden. Die können wir ins Programm
nehmen. Sehen Sie, meine englischen Konkurrenten bieten nicht nur Waffen, sondern auch gleich die dazugehö-
rigen Bedienungsmannschaften an. Das nenne ich europareif. Wir wollen doch auch europareif werden, oder?

Er zeigt auf das Gewehr. Darf ich bitten?

*Minister Fischer steht unentschlossen neben dem Ge-
wehr.*

LESCHITZKY Sie dürfen dabei sogar wegschauen.

*Fischer drückt – ohne zu zielen – kurz auf den Knopf.
Der dritte Schuß fällt.*

LESCHITZKY War es so schlimm? Nein? Habe ich Ihnen
doch gesagt. Wenn man es einmal macht, möchte man
immer wieder.

*Leschitzky drückt dreimal hintereinander auf den
Knopf. Der vierte Schuß fällt. Der fünfte Schuß. Der
sechste Schuß.*

LESCHITZKY Und nun zu Ihnen, Herr Pfarrer. Was starren
Sie mich so an? Glauben Sie, daß die Geistlichkeit unser-
eins verachten muß? Im Gegenteil, mein Freund, im Gegenteil. Haben Sie von dem Staatsstreich in Westafrika
gehört? Wissen Sie, wer die Auftraggeber waren? Einige
Kardinäle aus dem Vatikan. Die Kosten des Putsches be-
liefen sich auf knapp vier Millionen Dollar. Der Betrag
deckte das gesamte militärische Gerät, einschließlich
7,62 Millimeter Natomunition, dreimonatiges Trai-
ningslager für die engagierten Söldner sowie Ermordung
des alten Präsidenten und Stellung eines neuen. Die
Durchführung lag in Schweizer Händen. Ja, die Schweizer. Die sind unschlagbar. Die sind unschlagbar. Wollen
Sie hinter Ihren Kirchenoberen zurückbleiben, lieber
Herr Pfarrer? *Er zeigt auf das Gewehr.* Bitte sehr.
BLEY *verzweifelt* Ich muß mit Ihnen reden.
LESCHITZKY Ich weiß, Herr Pfarrer, ich weiß. Haben Sie
mich nicht vorhin um etwas angefleht? Und jetzt wollen
Sie mir eine kleine Gefälligkeit verweigern?
*Bley drückt auf den Knopf. Der siebente Schuß fällt,
halblaut, wie alle anderen.*
LESCHITZKY Das war's. *Zu Fischer* Darf ich Sie ins Arbeitszimmer bitten? Die Exportanträge liegen zur Unter-
schrift bereit. *Zu Bley* Ich bin gleich wieder hier.
*Leschitzky geht mit Fischer durch die linke Tür ab. Bley
geht in eine Ecke des Raumes, schaut nach links und
rechts und zieht seine Kokaindose aus der Tasche. Die
linke Tür geht auf, und Walter Leschitzky schaut kurz
herein.*
LESCHITZKY Herr Pfarrer. Wenn Sie hier Rauschgift nehmen wollen, müssen Sie das durchaus nicht im geheimen
tun. Ich bin am gesamten Inlandsumsatz mit fünfzig Prozent beteiligt.
*Walter Leschitzky verschwindet wieder. Bley starrt auf
die Tür. Er steckt die Silberdose wieder ein. Die linke*

Tür geht wieder auf, und Evelyne Leschitzky kommt in den Raum. Sie stellt sich an die Wand und lauscht. Bley starrt sie an.

BLEY Sind Sie Evelyne? Die Tochter?

Evelyne nickt und macht ein Zeichen, daß er still sein soll.

BLEY Sie leben?

Evelyne macht ein Zeichen mit dem Finger, daß er zu ihr kommen soll. Bley geht langsam auf sie zu. Evelyne zeigt auf die linke Tür.

EVELYNE *leise* Gleich kommt der Tod. Durch diese Tür.

Schweigen. Die linke Tür geht auf, und Walter Leschitzky kommt lachend in den Raum. Hinter ihm kommt Minister Fischer.

LESCHITZKY *zu Fischer* Wie ich höre, lesen Sie auch Gedichte. Auf einer Schallplatte. Das hat mich sehr beeindruckt.

FISCHER Für einen guten Zweck.

Leschitzky sieht seine Tochter und geht auf sie zu. Er breitet seine Arme aus.

LESCHITZKY Evelyne, mein Kind.

Evelyne lacht auf und verläßt schnell den Raum.

BLEY *zu Leschitzky* Ihre Tochter lebt. Warum haben Sie das nicht gesagt?

Leschitzky geht zu Bley und legt ihm seinen Arm um die Schulter.

LESCHITZKY Sie haben recht. Die wichtigsten Dinge kommen immer zuletzt. Wissen Sie, Herr Pfarrer, das Kind macht mir schreckliche Sorgen. Ich komme in einen Raum, und sie geht aus dem Raum. Ich gehe ins Eßzimmer, und sie geht in die Bibliothek. Ich gehe in die Bibliothek, sie geht ins Arbeitszimmer. In letzter Zeit nimmt sie das Bettzeug und geht ins Gästezimmer, wenn ich abends in ihr Schlafzimmer komme, um ihr einen Gutenachtkuß zu geben. Ich verstehe ja, daß die jungen Leute

Distanz brauchen, daß sie nicht ständig mit uns Alten
zusammensein wollen, aber auf diese Art. Und dieses
merkwürdige Lachen. Ich habe ihr schon vorgeschlagen,
daß sie ein Jahr nach Paris oder London geht, aber sie
will nicht. Sie will in meiner Nähe sein, ob zu Hause oder
bei Einladungen, sie will dabeisein, aber immer in einem
anderen Raum als ich. Verstehen Sie das? Ach, tut das
gut, sich ein wenig auszusprechen.

FISCHER *ungeduldig* Die Endverbraucherzertifikate sind
ja wohl in Ordnung?

Leschitzky läßt Bley stehen und wendet sich Fischer zu.

LESCHITZKY *lachend* Sie sind bestens gefälscht, wenn ich
so sagen darf.

Fischer schüttelt den Kopf.

FISCHER Ihren Humor müßte man haben.

Fischer geht zur rechten Tür.

LESCHITZKY Lieber Minister, ich habe ein Essen vorbereitet. Sie bleiben doch hier?

FISCHER Tut mir leid. Ich habe keine Zeit zum Feiern.

*Er geht zur rechten Tür. Die rechte Tür geht auf. Jagdge-
hilfen – in grünen Anzügen mit Hut und Feder – tragen
Leichen herein. Minister Fischer drängt sich an ihnen
vorbei und verläßt den Raum. Pfarrer Bley starrt zur
Tür. Die folgenden Bühnenvorgänge haben etwas
Selbstverständliches, ja »Ruhiges« an sich. Im Unterschied zum »Auf und ab« in den bisherigen Szenen geht
es jetzt »normal« zu.*

LESCHITZKY Ah, die Beute.

*Die Jagdgehilfen tragen sieben Leichen herein. Einen
Iraner, zwei Ägypter und einen Türken in der Uniform
der Zeitungskolporteure, einen syrischen Rosenverkäufer, der noch den Rosenstrauß in der Hand hält, einen älteren Mann im besudelten Anzug, einen Kurden im abgetragenen Straßengewand. Bei jeder Leiche ist ein Auge
durchschossen.*

LESCHITZKY Legt sie bitte hier auf den Boden.

Bley beobachtet alles wie in Trance. Die Leichen werden mit dem Kopf in Richtung Publikum auf die Bühne gelegt – eine neben der anderen. Ein Jagdgehilfe bringt eine Silberschüssel mit Äpfeln herbei, ein anderer einen Korb mit Tannenreisig. Leschitzky nimmt die erste Leiche an den Haaren und hebt den Kopf hoch. Ein Jagdgehilfe öffnet mit beiden Händen den Mund der Leiche. Leschitzky steckt einen Apfel in den Mund der Leiche und stellt den Kopf wieder ab. Ein anderer Jagdgehilfe legt ein Tannenreisig in den Nacken der Leiche.

LESCHITZKY *zu Bley* Was man erlegt hat, muß man ehren. Der Apfel im Maul ist durchaus keine Zierde, wie man vielleicht annehmen könnte. Wenn die Seele des Erlegten den Körper verläßt, braucht sie Nahrung auf ihrer langen Reise. Das Reisig, man nennt es auch den Beutebruch, symbolisiert den Dank des Jägers an sein Opfer.

Leschitzky hebt den Kopf der nächsten Leiche. Es ist der ägyptische Zeitungsverkäufer. Der Vorgang mit dem Apfel und dem Reisig wiederholt sich. Er hebt den Kopf des türkischen Zeitungsverkäufers. Der Apfel wird in den Mund geschoben, das Reisig in den Nacken gelegt. Er hebt den Kopf des syrischen Rosenverkäufers. Apfel in den Mund, Reisig in den Nacken. Er hebt den Kopf des älteren Mannes, es ist ein Weißer.

LESCHITZKY Was haben wir denn da? Offensichtlich funktioniert die Wahlscheibe des Gewehres noch nicht so hundertprozentig. Werden wir beheben, werden wir alles beheben.

Pfarrer Bley starrt das Gesicht des älteren Mannes an.

BLEY Dieser Mensch ... ich kenne ihn. Ich habe ihn einmal in einem Lokal gesehen. Magda hat mir viel von ihm erzählt. Er heißt Alfred Schönwiese, ein ehemaliger Lehrer. Seine Frau hat ihn vor Jahren verlassen, er ist verrückt geworden.

Bley nimmt den Kopf des toten Schönwiese in seine
Arme.

LESCHITZKY Lieber Pfarrer. Sie sehen nicht, was ist, Sie sehen, was Sie sehen wollen. Das hier ist eine ordnungsge-
mäß angemeldete und durchgeführte Jagd. Alles geht
weidgerecht vor sich.

Leschitzky hebt den Kopf der nächsten Leiche. Es ist der
Kurde im abgetragenen Straßenanzug. Leschitzky steckt
den Apfel in den Mund der Leiche. Der Jagdgehilfe legt
das Reisig in den Nacken. Bley stürzt sich auf Leschitz-
ky. Zwei Jagdgehilfen schlagen Bley zusammen – völlig
lautlos und wie selbstverständlich. Bley liegt wimmernd
am Boden.

LESCHITZKY Die Tische.

Die Jagdgehilfen tragen Tische herein und stellen sie
über die Leichen. Sie stellen Sessel hinter die Tische. Sie
stellen Teller und Gläser auf die Tische. Bley kriecht
über den Boden zur Ausgangstür.

LESCHITZKY Herr Pfarrer, kommen Sie doch zu Tisch.

Zwei Jagdgehilfen ziehen Pfarrer Bley hoch und schlep-
pen ihn zu den Tischen. Sie setzen ihn auf einen Sessel.
Die Jagdgehilfen bringen Musikinstrumente herein und
formieren sich zu einer Gruppe. Sie beginnen ein Jagd-
lied zu spielen, ein schönes, unaufdringliches Jagdlied.
Die Gäste kommen in den Raum, es sind die höchsten
Repräsentanten aus Politik und Wirtschaft, insgesamt
elf Personen. Leschitzky führt sie an die Tische, sie neh-
men Platz. Leschitzky steht in der Mitte und breitet seine
Arme aus.

LESCHITZKY Liebe Freunde! Ich habe Sie zu diesem Jagd-
mahl gebeten, um in guter Tradition zu handeln. Der
Weidmann teilt seine Beute mit seinen Freunden. Essen
wir gemeinsam die Beute und ehren wir gemeinsam die
Beute. Ihr Blut ist unser Wein, ihr Fleisch ist unser Brot.
Ich rufe ein dreifaches Weidmannsheil!

DIE GÄSTE *im Chor* Weidmannsdank!

LESCHITZKY Weidmannsheil!

DIE GÄSTE *im Chor* Weidmannsdank!

LESCHITZKY Weidmannsheil!

DIE GÄSTE *im Chor* Weidmannsdank!

Leschitzky setzt sich.

LESCHITZKY Und jetzt, meine lieben Freunde, bleibt mir nur noch eines. Lassen Sie sich munden, was Wald und Flur zu bieten haben.

Die Gäste beginnen zu essen. Sie essen von leeren Tellern und trinken aus leeren Gläsern. Es sieht aus, als würden sie die unter den Tischen liegenden Leichen aufessen. Pfarrer Bley starrt auf seinen Teller. Leschitzky schaut zu ihm hin.

LESCHITZKY Bedienen Sie sich, Herr Pfarrer.

BLEY Mir ist schlecht.

LESCHITZKY *lachend* Da ist einer unter uns, dem das Weidmännische offensichtlich mißfällt. Ein Judas des Weidwerkes, sozusagen.

Die Gäste schauen zu Bley und lächeln.

LESCHITZKY Essen Sie doch, Herr Pfarrer. Sie werden merken, es schmeckt herrlich.

Die Gäste essen weiter. Die Jagdgehilfen spielen das Jagdlied. Der Journalist Peter Paul Sänger kommt in den Raum. Er hat ein drahtloses Mikrophon in der Hand und geht vor an die Rampe. Er spricht ins Publikum.

SÄNGER *mit angenehmer Stimme* Zu einem frugalen Jagdessen lud der Industrielle Walter Leschitzky seine Freunde, die Spitzen aus Politik und Wirtschaft. Das Mahl begann mit einem Appetithäppchen, dünngeschnittenes Urkornbrot mit norwegischem Lachs, dazu einen besonders trockenen Brighton-Sherry. Als Hors d'œuvre wurden Austern gereicht und ein Glas Champagner, Piper Heidsieck, alte Lage. Ein Täßchen Consommé de volaille royale rundete die gastronomische Ouvertüre ab. Für

den Fischgang wurde Hummer gewählt, Hummer Bon-
nefoy nach alter Art, und dazu wurde ein Chablis verko-
stet, aus der Lage »Monts-de-Milieu«. Als Fleischgang
gab es, dem Anlaß entsprechend, gespickten Rehrücken
auf Rotkraut, und danach ein Bläßhuhn à la Puccini.
Der bei diesen beiden Gängen gereichte Wein, ein Bor-
deaux 75 aus dem Château Mouton Rothschild, wurde
mit besonderer Zustimmung aufgenommen. Beim an-
schließenden Käse gab man sich ländlich. Ein Pecorino
aus dem Piemont wurde importiert, direkt vom Bauern.
Den Abschluß bildete eine Crêpe Suzette mit Portwein,
den der Gastgeber eigenhändig bei Sotheby's ersteigert
hatte.
Blackout. Man hört das Jagdlied.

Zehnte Szene

*Das Jagdlied klingt aus. 2 Uhr nachmittags. Im Bahnhof.
Man sieht nur Schließfächer, ein Schließfach neben dem anderen. Es sind lauter große Schließfächer, zum Deponieren
großer Gepäckstücke. Die Tür des Schließfaches mit der
Nummer 306 ist offen. Pfarrer Bley sitzt splitternackt und
zusammengekauert im Schließfach. Sein Priestergewand
liegt vor den Schließfächern, auf dem Boden. Aus den
Bahnhofslautsprechern dringen Zugansagen. Die Orte, die
genannten Ankunfts- und Abfahrtszeiten variieren, je
nachdem, in welcher Stadt das Stück gespielt wird.*

LAUTSPRECHER Die Hauptstädte im Stundentakt. Zug
nach Graz fährt auf Gleis 2 ab. Ankunft Bruck an der
Mur 15 Uhr 57. Ab Bruck 16 Uhr. Planmäßige Ankunft
Graz 16 Uhr 35. Wir wünschen gute Reise. Achtung
Gleis 7. Wiener Walzer nach Basel wird bereitgestellt.
Speisewagen sowie Abteile der ersten Klasse befinden

sich im vorderen Zugteil. Planmäßige Abfahrt 14 Uhr 30. Über Linz, Salzburg, Kufstein, Innsbruck, Feldkirch, Zürich nach Basel. Planmäßige Ankunft Basel 23 Uhr 55. *Pfarrer Bley schreit gegen die Lautsprecher an.*

BLEY Der Himmel ist auf die Erde gefallen. Es gibt keine Sünde, es gibt keine Vergebung mehr. Die Menschen haben Gott die Sünde abgekauft, er kann ihnen nichts mehr vergeben. Sie haben die Stützen des Himmels gefällt. Gott ist zu seinen Ebenbildern herabgekommen. Die Säulen des Himmels sind zerbrochen. Der Himmel ist auf die Erde gefallen. Das Himmelreich ist unter uns. Kein Dornbusch brannte, und keine Verkündigung nahm den Menschen den Atem. Niemand rannte, und niemand schrie. Der Himmel kam langsam auf die Erde, wie die Feder einer Taube vom Turme auf den Kirchplatz fällt, sachte, von niemandem wahrgenommen.

Rudi kommt in den Bahnhof gerannt. Er sieht Pfarrer Bley und geht langsam auf ihn zu. Man hört weitere Zugansagen.

BLEY Die Engel des Himmels, Cherubim und Seraphim, unnütz geworden in dieser Welt, irrten umher. Als sie genug gesehen und gelernt hatten, belegten sie Kurse in verschiedensten Instituten. Sie lernten schnell, dienten sich hoch, erschlugen die Schwachen mit ihren Flügeln und fraßen ihnen die Augen aus den Köpfen. Ich habe die leeren Augenhöhlen gesehen.

RUDI *zu Bley* Herr Pfarrer, was war denn beim Leschitzky? Warum sind Sie denn da drinnen?

BLEY Der Himmel ist auf die Erde gefallen und mit ihm alle Gestirne. Sie werden verladen und in Öfen gebracht. Sie strahlen nach einem genauen Plan. Sie erleuchten jeden Winkel dieser Welt. Im Angesicht der strahlenden Öfen blicken wir nach oben und vermissen den Schatten des Himmels.

RUDI Schnell, Herr Pfarrer, wir müssen weg.

*Rudi geht zum Schließfach und will Pfarrer Bley heraus-
helfen. Bley wehrt sich.*

BLEY Gott ist eingesperrt. Er sitzt in einem großen Haus
und wird strengstens bewacht. Er läßt sich vertreten.

*Rudi hebt das Priestergewand auf. Man hört weitere
Zugansagen.*

RUDI Ist mir doch egal, was mit Ihnen passiert. Ist mir
doch total egal.

BLEY Die Gärten des Himmels, deren Schönheit die Pro-
pheten priesen, liegen entwurzelt auf der Erde. Ginster
und Granatapfel, Platane und Holunder verdorren nebeneinander. Die letzten Exemplare werden neu ge-
pflanzt und eingezäunt.

*Zwei Bahnhofspolizisten, ein älterer und ein jüngerer,
kommen näher. Rudi versteckt sich hinter den Schließfächern.*

DER ÄLTERE POLIZIST *zu Bley* Was ist hier los?

BLEY Maria, die Mutter Gottes, ist eine alte und müde
Frau. Sie sitzt in ihrer Wohnung am Stadtrand und wartet auf den Anruf ihres Sohnes. Niemand berührt sie,
und niemand wünscht von ihr berührt zu werden. Sie
sitzt am Fenster und breitet den Mantel der Barmherzig-
keit über ihre frierenden Glieder.

DER ÄLTERE POLIZIST *zu Bley* Steigen Sie da heraus und
verschwinden Sie.

Man hört weitere Zugansagen.

BLEY *schreit* Jesus Christus, der die Liebe war, ist ein Mörder geworden in dieser Welt. Er hat jegliche Gestalt und
jeden Namen. Er schlüpft von einem Menschen in den
anderen. Jetzt ist er in mir. Ich bin ein Mörder. Ich habe
einen Menschen getötet.

DER ÄLTERE POLIZIST *zu Bley* Ihren Ausweis!

BLEY Der Himmel, ein gefallener Baldachin, liegt zertreten
auf der Erde. Er muß noch einmal errichtet werden. Die
Sünde muß wieder benannt, die Vergebung muß wieder

erfleht werden. Ich muß alle Sünden dieser Welt auf mich nehmen. Ich muß noch einmal den Weg des Kreuzes gehen.

Der ältere Polizist will Bley aus dem Schließfach zerren. Bley wehrt sich.

DER ÄLTERE POLIZIST Sie gehen mit aufs Wachzimmer.

BLEY *schreit* Ich bin Jesus Christus.

DER JÜNGERE POLIZIST Und ich bin Napoleon. Ende der Durchsage. Raus hier.

Der jüngere Polizist zerrt den nackten Bley aus dem Schließfach. Rudi steht hinter den Schließfächern und beobachtet die Szene. Er hält Bleys Priestergewand am Arm.

BLEY Die Häscher sind ausgesandt und machen sich an ihr Handwerk.

Der jüngere Polizist macht einen Polizeigriff. Bley stöhnt.

DER JÜNGERE POLIZIST Erfassen der linken Hand. Hochreißen des Unterarms. Festhalten der Handfläche am Schulterblatt. So geht das.

BLEY Wehre dich nicht gegen deine Peiniger. So steht es geschrieben.

Der jüngere Polizist verstärkt den Polizeigriff. Bley schreit auf. Rudi kommt hinter den Schließfächern hervor.

RUDI *schreit* Loslassen! Loslassen!

DER ÄLTERE POLIZIST Gehen Sie weg. Das ist eine Amtshandlung.

RUDI Er soll ihn loslassen!

Rudi stürzt sich auf den jüngeren Polizisten. Der Polizist stößt ihn weg. Rudi fällt hin. Er springt auf, zieht seine Pistole und schießt auf den jüngeren Polizisten. Der Polizist fällt zu Boden. Rudi legt das Priestergewand um Bleys nackten Körper, nimmt ihn an der Hand und rennt mit ihm davon. Der ältere Polizist kniet neben dem jün-

geren nieder. Blut rinnt aus der Schulter des jüngeren Po-
lizisten. Das Bild erstarrt und wird zum Pressefoto. Peter
Paul Sänger tritt auf, er hat einen Stab in der Hand und
zeigt auf das Pressefoto.

SÄNGER Das erste Foto vom Attentat. Die Kugel durch-
schlug die linke Schulter. Hier sehen Sie ganz deutlich
das Einschußloch und die Spuren des austretenden Blu-
tes. Weiter.

Die nächste Projektion erscheint.

SÄNGER Der Polizistenmörder auf der Flucht. Mit ihm ein
offensichtlich geistesgestörter Priester. Die beiden verstecken sich in einem U-Bahn-Schacht. Die Herren neben ihnen sind Journalisten, Kollegen. Es gelingt den
beiden, der Polizei zu entkommen. Das nächste Foto.

Die nächste Projektion erscheint.

SÄNGER Der Polizist wird operiert. Die Muskelpartie der
linken Schulter ist freigelegt. Der Schatten, den Sie hier
sehen, ist der linke Lungenflügel. Das Projektil sitzt zwei
Zentimeter tiefer. Weiter.

Die nächste Projektion erscheint.

SÄNGER Der Polizistenmörder. Die elektronischen Medien
haben sich in die Fahndung eingeschaltet. Das Gesicht
des Mörders ist in kürzester Zeit landesweit bekannt.
Das nächste.

Die nächste Projektion erscheint.

SÄNGER Eine Nahaufnahme aus der Intensivstation. Die
Augen des Polizisten sind weit geöffnet. Wird er durchkommen? Wir alle bangen um sein Leben. Weiter.

Die nächste Projektion erscheint.

SÄNGER Hinter diesem Fenster hat sich der Polizistenmörder mit seiner Begleitung verschanzt. Die Wohnung gehört einer polizeilich bekannten Ladendiebin. Das Haus
ist von Spezialeinheiten der Polizei umstellt. Der Mörder
befindet sich im Besitz einer FN-Browning Automatik.
Die Einsatzleitung steht in ständigem telefonischen Kon-

takt mit dem Innenministerium. Wir berichten direkt vom Ort des Geschehens.
Blackout. Man hört die Engelschöre aus der ersten Szene.

Elfte Szene

10 Uhr abends. In der Sozialwohnung von Magda Schnei-der. Die Wohnung wird von Suchscheinwerfern der Polizei erleuchtet. Bleys Kassettenrekorder steht in der Mitte des Raumes. Man hört die Engelschöre. Bley hat sein Priester-gewand an, er steht beim Kasten, mit dem Rücken zur Ka-stentür. Magda Schneider sitzt zusammengekauert in einer Ecke des Raumes und trinkt Schnaps aus einer Flasche. Rudi liegt am Boden, neben den Warenbergen, und über-prüft das Magazin seiner Pistole. Schweigen. Man hört nur die Engelschöre, laut, wie in der ersten Szene.

RUDI Ich halt' diese Wahnsinnsmusik nicht mehr aus. Gibt's keine andere?
Rudi kriecht zum Kassettenrekorder. Er schaut zu Bley. Bley steht mit ausgebreiteten Armen vor dem Kasten und starrt vor sich hin. Rudi dreht die Engelschöre leiser. Schweigen. Plötzlich hört man eine Megaphonstimme von draußen.
STIMME Hier spricht die Einsatzleitung. Das Haus ist um-stellt. Jeder Widerstand ist zwecklos. Kommen Sie ans Fenster und werfen Sie die Pistole herunter. Haben Sie mich verstanden?
Schweigen.
RUDI *lacht* Wissen die noch immer nicht, wie hart ich bin? Daß ich total hart bin?
Er kriecht zum Fenster, stellt eine Matratze gegen das Fenster, schlägt mit seiner Pistole eine Fensterscheibe

ein, schießt hinunter und geht sofort wieder in Deckung.
Von unten wird heraufgeschossen. Fensterglas splittert.
Wieder Schweigen. Man hört nur die leisen Engelschöre.
Plötzlich hört man wieder eine Megaphonstimme. Es ist
die Stimme Pater Manzettis.

STIMME MANZETTIS Pfarrer Bley, hören Sie mich? Ich bin
Pater Manzetti, der Sekretär des Bischofs. Sie erinnern
sich an mich? Ich habe Sie vor einiger Zeit besucht, in Ihrer Landpfarre. Wir hatten einen anregenden Diskurs
über das Problem der Sünde. Sie vertraten den etwas
ausgefallenen Standpunkt, daß man die Sünde suchen
müßte, während ich der Meinung war, sie sei das Alltäg-
lichste von der Welt, eine Banalität sozusagen. Bitte
glauben Sie nicht, daß ich Sie mit irgendwelchen psycho-
logischen Tricks überreden will, herunterzukommen,
aber die Sache ist doch, wie soll ich sagen, völlig sinnlos.
Der Junge hat doch überhaupt keine Chance. Sagen Sie
ihm, er soll den Revolver aus dem Fenster werfen, und
dann wird hier sofort alles abgeblasen. Hören Sie mich,
Pfarrer Bley?

Schweigen. Man hört nur die leisen Engelschöre. Die
Suchscheinwerfer der Polizei kreisen über die Wände der
Wohnung.

STIMME MANZETTIS Pfarrer Bley! Ich weiß, Sie haben eine
schwere Zeit. Aber bald ist alles vorüber. Kommen Sie
ans Fenster. Wir wollen mit Ihnen reden. Der Bischof hat
Ihre Jugendarbeit immer hochgeschätzt. Ich kann es Ihnen zwar nicht hundertprozentig versprechen, aber es
wäre doch schön, wenn Sie diese Tätigkeit wiederauf-
nehmen würden. Hören Sie mich, Pfarrer Bley?

Bley geht zum Fenster und schreit hinunter.

BLEY Ich muß den Weg des Kreuzes bis zum Ende gehen.
Du bist der Teufel, der mich in Versuchung führt.

Rudi springt auf und reißt Pfarrer Bley zu Boden. Er hält
ihn fest.

RUDI Der ist wahnsinnig. Der ist wirklich wahnsinnig.
Stellt sich ans Fenster und gibt die beste Zielscheibe ab.
Rudi und Pfarrer Bley liegen aneinandergeklammert am
Boden. Schweigen.

BLEY Rudi?

RUDI Ja?

BLEY Ich danke dir.

RUDI Kennen Sie den Film, der noch härter ist als alle anderen? EINER GEGEN ALLE. Der Held ist allein, und
die ganze Welt ist gegen ihn. Was glauben Sie, wer ge-
winnt?

BLEY Du bist nicht allein, Rudi. Ich bin bei dir. Und die
Magda auch. Komm her, Magda.
Schneider kriecht auf allen vieren zu Rudi und Bley. Sie
ist vollkommen betrunken. Bley und Schneider strei-
cheln Rudi. Langes Schweigen.

RUDI Jetzt können sie kommen, soviel sie wollen. Gegen
uns haben die keine Chance.

BLEY Ja, Rudi. Gib mir die Pistole.
Rudi schaut Bley an und lächelt. Er gibt ihm die Pistole.
Schweigen.

BLEY Rudi? Ich gehe jetzt ans Fenster und werfe die Pistole
hinunter.
Rudi starrt Bley an. Er reißt ihm die Pistole aus der
Hand, springt auf und stürzt ans Fenster.

RUDI *schreit* Mich kriegen die nie! Ich bin der Größte! Ich
bin der Größte!
Er feuert hinunter. Einen Schuß nach dem anderen. Von
unten wird heraufgeschossen. Eine Kugelgarbe zerfetzt
Rudis Brust. Rudi fällt um. Sein Blut rinnt über den
Boden. Bley und Schneider knien neben ihm. Langes
Schweigen. Schneider kriecht auf allen vieren zum Wa-
renberg.

SCHNEIDER Komm, Christian, wir gehen.

BLEY Ja, Magda, wir gehen.

Schneider nimmt eine Tasche und wirft Waren hinein.
Bley kriecht zum Warenberg und wühlt in den Waren.

SCHNEIDER Am Dachboden ist eine Waschküche, und von
der geht eine Tür ins Nebenhaus. Und von dort gehen
wir nach Italien.

BLEY Weiter, Magda, viel weiter.

SCHNEIDER Nach Griechenland?

BLEY Noch weiter, Magda, noch viel weiter.

SCHNEIDER Auf die Seychellen? Gibt's dort überhaupt Su-
permärkte? Damit wir was zum Leben haben. Was
machst du denn, Christian?

Bley zieht eine Packung mit Nägeln und einen Hammer
aus dem Warenberg. Er steht auf und geht zum Kasten.

SCHNEIDER *schreit* Nein, Christian, nein.

Bley nagelt seine rechte Hand an den Kasten. Er schreit.

BLEY Magda, hilf mir. Ich kann die andere Hand nicht allein annageln. Bitte, hilf mir.

SCHNEIDER *schreit* Christian! Christian!

BLEY Bitte, Magda, du hast einmal gesagt, daß du alles für
mich tun wirst. Jetzt mußt du es tun, Magda, jetzt mußt
du es tun. Nimm den Hammer. Ich flehe dich an. Bitte.

Schneider steht auf, nimmt den Hammer und setzt den
Nagel an.

SCHNEIDER Ich kann es nicht, Christian.

BLEY Schließ die Augen, Magda, und schlag zu. Schlag zu.

Schneider schließt die Augen und schlägt zu. Sie trifft
mehrere Male Bleys Arm und schließlich den Nagel.

SCHNEIDER Ich liebe dich, Christian. Ich liebe dich.

BLEY Ich dich auch, Magda. Ich danke dir. Weißt du, daß
du die erste Frau in meinem Leben warst?

SCHNEIDER Das hast du mir schon gesagt, Christian. Ganz
am Anfang.

BLEY Und die einzige.

SCHNEIDER Das ist aber schön, Christian. Du bist auch der
erste und einzige Mann in meinem Leben. Das stimmt

zwar nicht so ganz, aber in meinem Herzen ist es so. *Sie zeigt auf Rudi.* Und er war unser Kind.

BLEY Leb wohl, Magda.

SCHNEIDER *kniet zu seinen Füßen nieder* Leb wohl, Christian.

Sie steht auf, nimmt die mit Waren gefüllte Tasche und geht zum Fenster.

SCHNEIDER Jetzt kriegt ihr alles zurück. Wir brauchen nichts mehr.

Sie nimmt die Waren einzeln aus der Tasche, schaut sie kurz an und wirft sie hinaus. Von unten wird heraufgeschossen.

SCHNEIDER Orangensaft HAPPY DAY, 6,90. ALMA Rahmkäse, 17,20. OSOLIO Reformöl, 29,90. SIR WINSTON Rasierklingen, 42,90. ERDAL Tubencreme, 32,90. HIMMELTAU Babynahrung …

Eine Kugel trifft sie mitten in die Stirn. Sie fällt um. Langes Schweigen. Man hört nur die leisen Engelschöre. Die Suchscheinwerfer der Polizei kreisen über die Wände der Wohnung. Bleys Augen sind offen. Der Journalist Peter Paul Sänger stürzt herein.

SÄNGER *schreit* Nicht schießen! Nicht schießen!

Stille. Man hört nur die leisen Engelschöre. Sänger schaut sich um. Er sieht den gekreuzigten Bley, den erschossenen Rudi und die erschossene Schneider. Er sieht die offenen Augen Bleys. Er geht zu ihm hin und hält ihm ein Diktaphon ins Gesicht.

SÄNGER Schnell. Sagen Sie alles, was Sie wollen. Erzählen Sie mir Ihr Leben. Das Gerät steht auf Aufnahme.

Bley schaut Sänger an. Er schließt die Augen und läßt seinen Kopf zur Seite fallen. Sänger stellt das Gerät ab. Er schaut sich um. Er geht zu Rudi, kniet nieder und badet sein Gesicht in Rudis Blut.

SÄNGER *schreit, voller Hysterie* Journalismus heißt, an der Wirklichkeit dran sein. Total an der Wirklichkeit dran sein.

Er steht auf, geht an die Rampe und schaut ins Publikum. Das Blut rinnt über sein Gesicht.

SÄNGER *leer und apathisch* Ich weiß, Sie finden diese Art des Journalismus entsetzlich. Ich auch. Glauben Sie mir, mich widert diese zynische Berichterstattung, diese Kolportagegeschichten über Mörder und ihre Opfer schon die längste Zeit an. Ich habe ein Buch darüber geschrieben. Die Wahrheit über den Sensationsjournalismus. Eine beinharte Abrechnung.

Er steht da ohne jede Bewegung. Er schaut sich um, stellt den Kassettenrekorder ab und verläßt den Raum. Stille. Die Suchscheinwerfer hören auf zu kreisen. Plötzlich hört man Rudi stöhnen. Er kriecht, ganz langsam, auf Pfarrer Bley zu. Bley öffnet die Augen.

BLEY Jetzt hätte ich gerne eine Hand frei. Jetzt hätte ich wirklich gerne eine Hand frei.

Rudi kriecht weiter. Bley starrt zu ihm hin. Der Raum wird von Hunderten von Blitzlichtern erleuchtet. Blackout. Ende.

Texte und Bilder
zu
»Tod und Teufel«

*» Tod und Teufel« ist ein zeitgemäßes Passionsspiel. Was ist das
Entscheidende an diesem Stück?*
Das Entscheidende ist die Frage nach der Moral in unserer Gesellschaft. Der Lebensstandard in Deutschland basiert zu etwa
30 Prozent auf dem Export von Waffen und anverwandten Ge-
räten, also auf dem Mordexport. Gleichzeitig gibt es hier sehr
viele Friedensveranstaltungen – das ist eine durch und durch
schizophrene Gesellschaft.
Ich versuche die einfache Frage zu stellen, was gut und böse ist.
Und das Böse in dieser Gesellschaft sitzt in der Mitte, in der
Normalität, in der Selbstverständlichkeit.

(Aus einem Interview, 1991)

Die Mitte speist die Ränder. Das politische und finanzielle Ver-
brechen sitzt in der Mitte und weist entrüstet auf seine radika-
lisierten Ränder, im Augenblick auf die jugendlichen Rechts-
radikalen. So einer kommt in meinem Stück vor. Ich will diese
Jugendlichen nicht als Opfer darstellen, ich will nur festhalten,
daß sie nicht aus dem Nichts kommen, daß sie keine Naturge-
walt, kein unerklärlich Verbrecherisches darstellen. Die Menschen von unten ersticken in der Scheiße, die auf sie herabfällt,
und manche bleiben dann eben braune Gestalten.

(Aus den Materialien zu einem Interview, 1993)

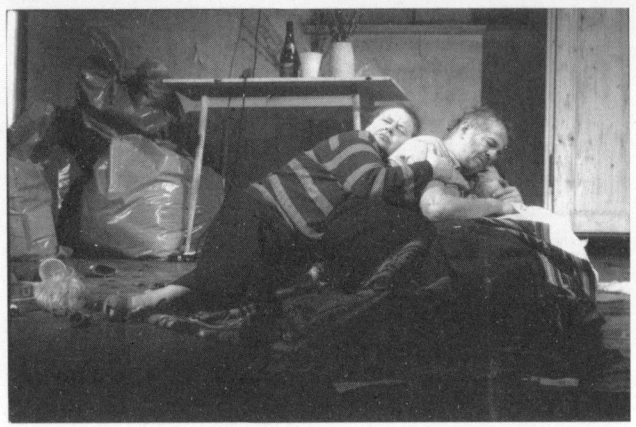

Uraufführung im Burgtheater Wien, 1990
Tana Schanzara, Martin Schwab, Uwe Bohm

Der Anstoß, das Stück »Tod und Teufel« zu schreiben, lag in
der Begegnung mit einem Priester. Ich begegnete ihm, als er
eine Lebenskrise hatte, als ihm das eigene moralische Instru-
ment, die Zehn Gebote, abhanden kam. Auf der einen Seite
nahm er noch Beichten ab, aber er glaubte nicht mehr an den
Sinn dieses Vorgangs. Ich wollte mit »Tod und Teufel« die Geschichte einer Auflösung erzählen. Ein Mensch glaubt nicht
mehr an das, woran er bisher geglaubt hat. Er geht weg aus seinem Ort, aus seinem Beruf und sieht die Welt plötzlich mit
ganz anderen Augen. »Tod und Teufel« ist auch die Geschichte
einer Wanderung, der Priester wandert in die menschlichen
und gesellschaftlichen Abgründe und liefert sich ihnen aus.

                                              (Aus einem Brief, 1995)

Theater Phönix Linz, 1991
Dietmar Nigsch

Mich interessiert, ob nicht der Kreuzestod, die Aufopferung,
der größte Irrtum des Christentums ist. Welch ein grandioses
Davonschleichen. Wenn Leid in dieser Welt ist, ist es das Leich-
teste, sich irgendwo festnageln zu lassen und zu sagen, ich
kann leider nichts mehr tun, ich kann nur die Sünden dieser
Welt auf mich nehmen. Nicht umsonst sagt mein Pfarrer Bley
als letzten Satz im Stück, wenn er an den Kasten genagelt ist
und helfen soll: »Jetzt hätte ich wirklich gerne eine Hand frei.«
Nächstenliebe braucht freie Hände, keine festgenagelten.
                                        (Aus einem Interview, 1990)

Schauspielhaus Hamburg, 1991
Gustav-Peter Wöhler, Dieter Mann, Klaus Pohl

Von der Kritik wurde Ihnen vielfach »Geschmacklosigkeit«
und »Provokation« vorgeworfen.
Von der Kritik wurde mir noch viel mehr vorgeworfen. Ich
kann darauf nur antworten, daß sich meine Figuren in höchst
lächerlichen Umständen befinden und daß ich versuche, ihre
Würde zu retten. Meine Gestalten leben jetzt und heute, in den
Requisiten und dem Wahnsinn der Gegenwart. Das Allge-
meingültige, das Geschmackvolle, das über den Zeiten und
Dingen Stehende hat mich nie interessiert. Ich bin ein Gegen-
wartsdichter. Ich nehme auf, was ich vorfinde, Sehnsucht und
Scheiße und Gewalt und Komisches, und daraus mache ich
Geschichten.   (Aus einem Interview, 1994)

Die Leute sitzen in Ihrem Stück » Tod und Teufel« und lachen.
Stört Sie das?
Im Gegenteil. Zum Beispiel die Figur der Magda Schneider, die
macht ja wirklich etwas Lächerliches. Seit Jahren geht diese
entlassene Billa-Verkäuferin durch die Schnapsbuden und erzählt jedem, daß sie vor acht Jahren nichts unterschlagen hat.
Sie bittet jeden, nachzurechnen. Das ist ja zum Lachen. Die
Zuschauer müssen nur wissen, über wen sie da lachen: über
eine alte versoffene Frau, die nicht aufhört, um ihr Recht zu
kämpfen.   (Aus einem Interview, 1991)

Bei der Uraufführung hat die Magda Schneider den Nagel
nicht gefunden, mit dem sie Pfarrer Bley kreuzigen sollte.
Plötzlich kippte der Gipfelpunkt einer Tragödie in den Ansatz
einer Komödie. Man baut am Theater ein Universum auf,
dann fällt ein Nagel ungeschickt herunter, und das Erhabene,
Große, Tragische bricht nieder ins Lächerliche.
                                           (Aus einem Interview, 1990)

Sie haben das Stück »Tod und Teufel« am Polnischen Natio-
naltheater aufgeführt, und das hat die wildesten Aggressionen
ausgelöst. Ich habe ja nichts dagegen, wenn die Menschen anderer Meinung sind als ich, aber was mir teilweise entgegenge-
treten ist, waren Priester und katholische Journalisten, die bei
den Pressekonferenzen und Interviews nicht mit mir diskutieren wollten, sondern mich als »Satan«, »Unhold« und »Per-
versling« niedergeschrien haben. Das könnte man noch als
verrückte Folklore nehmen, wenn diese katholische Kirche inzwischen nicht die Macht in Polen übernommen hätte. Der
derzeitige Familienminister (ein Priester) läßt öffentlich über
die Entfernung von Schwulen und Lesben aus dem Schuldienst
diskutieren. Jugendliche werden auf der Straße von Pfarrern
gezwungen, niederzuknien und zu beten. Bei meiner Produk-
tion haben Priester versucht, Schauspieler unter Druck zu setzen, damit sie die jeweiligen Rollen nicht spielen. Die wirt-
schaftliche Situation in Polen ist schlecht, viele Polen, vor
allem Facharbeiter, gehen ins Ausland, und anstatt über die
soziale Frage zu diskutieren, wird über die moralische disku-
tiert: weg mit den Schwulen, weg mit den Juden, weg mit den
Künstlern. In dieser Massivität habe ich so etwas noch nie erlebt. Ich glaube, daß alle Fundamentalisten dieser Welt gleich
sind, ob sie einen Turban aufhaben oder eine schwarze Kutte
anhaben, sie wollen nicht diskutieren, sie wollen schreien, nie-
derschreien.   (Aus einem Brief, 2007)

Ein österreichischer Bischof hat zu mir gesagt: »Sie und Ihre Stücke würde ich am liebsten verbrennen.« Ich antwortete ihm: »Da sind Sie aber 300 Jahre zu spät dran.« Darauf er: »Das ist ja mein Problem.«   (Aus dem Arbeitsjournal, 2001)

2009 hatten Sie einen schweren Autounfall. Hat Sie Kardinal Christoph Schönborn, mit dem Sie seit langem befreundet sind, besucht?
Ja, er hat mich inkognito in einem großen grauen Mantel besucht. Einige Stunden später kam der Spitalsgeistliche mit den letzten Ölen vorbei und fragte mich, ob er mir helfen könne. Ich antwortete ihm wahrheitsgemäß, daß sein Chef schon hiergewesen sei. Er schaute mich voller Mitleid an und sagte: »Geht Ihnen wohl sehr schlecht, gell?«
2010 sind in Österreich über 87.000 Menschen aus der katholischen Kirche ausgetreten.
Ich bleibe in der Kirche und bin vermutlich der letzte österreichische Dichter, der noch Kirchensteuer bezahlt.
Finden Sie den Mißbrauch von Kindern und Jugendlichen nicht schockierend?
Selbstverständlich, das ist ein schreckliches Antlitz der Kirche, das da zum Vorschein gekommen ist. Aber es gibt auch ein anderes. Ich sehe hier, in meiner nächsten Umgebung, mit welcher Hingabe Mitarbeiter der Caritas für Menschen da sind, die Hilfe brauchen. Die Kirche ist ein weites Land, wie die menschliche Seele. Ich glaube, wir müssen den Gedanken ertragen, daß Gut und Böse oft sehr nahe nebeneinander wohnen.
Sie haben vor langer Zeit ein ebenso rührendes wie sarkastisches Gedicht über Schutzengel geschrieben. Sind Sie Kommunist geworden aus Enttäuschung über die Religion?
Zuerst einmal war ich Ministrant und Katholik. Ich vertraute darauf, daß Gott die Sünden der Welt hinwegnehmen wird, wie es im Religionsunterricht hieß. Ich hatte sogar die Absicht, ins Priesterseminar zu gehen.
Was hat die Wende bewirkt?

Gott und die große Gerechtigkeit ließen auf sich warten. Meine Gottesliebe geriet ins Wanken und wurde durch die Liebe zu
den Madeln ersetzt. Letztere waren greifbarer, materialisti-
scher. So gesehen kann man sagen, daß frühe Liebeserfahrun-
gen manchmal direkt in den Kommunismus führen.

(Aus einem Interview, 2011)

Ich liebe dieses Land

*Theaterstück
in drei Akten*

Personen

Ein Flüchtling aus Nigeria, Benjamin (BENI) *Jaja, 25 Jahre*
Eine Putzfrau aus Polen, JANINA *Wiśniewska, 50 Jahre*
Ein WACHEBEAMTER *im Abschiebegewahrsamsdienst*
(WAPO), Uwe Völker, 35 Jahre
Ein ARZT, *Dr. Armin Schlette, 55 Jahre*
Ein POLIZEIPSYCHOLOGE, *Hans-Ulrich Waldner, 36 Jahre*
Ein JOURNALIST, *Klaus Hamm, 53 Jahre*
Eine FOTOGRAFIN, *Ines Ruthowski, 26 Jahre*
Ein POLIZEIPRÄSIDENT, *Dr. Eugen Flimmer, 48 Jahre*
Seine FRAU, *Rita Flimmer, 37 Jahre*
Ein KLEINER MANN, *Luigi Lattermann, 51 Jahre*
Ein MANN MIT GOLDRANDBRILLE, *Edmund Stauber, 45*
   Jahre
Ein JUSTIZWACHTMEISTER *im Strafvollzugsgefängnis*
Ein mobiles Einsatzkommando der Polizei (MEK)

Ort der Handlung

1. *Akt: Ein Häftlingszimmer im Abschiebegewahrsam*
2. *Akt: Die Wohnung der polnischen Putzfrau Janina Wiś-*
   niewska in Neu-Spandau
3. *Akt: Eine Zelle im Strafvollzugsgefängnis*

1. Akt

Ein Häftlingszimmer im Abschiebegewahrsam, ein nüchterner Raum: eine Bank, ein Stuhl, kein Fenster, Der Raum wird von einer Glühbirne beleuchtet, mit schwachem Licht. Auf der Bank sitzt ein Schwarzer: ein junger Mann, er ist groß und schlank. Er hat ein kariertes Hemd und Jeans an. Seine Hände sind mit Handschellen gefesselt. Die Handschellen sind mit einer dünnen Kette an die Heizungsrohre gekettet. Der Schwarze dämmert im Halbdunkel vor sich hin. Stille. Eine ältere Putzfrau öffnet die Tür und tritt ins Zimmer, die Tür war offensichtlich nicht abgesperrt. Die Putzfrau betätigt einen Drehschalter neben der Tür, das Licht wird greller. Der Schwarze schreckt auf und wird unruhig. Die Putzfrau trägt übergroße Gummihandschuhe über ihren Händen und ihren Unterarmen. Sie bringt Putzutensilien in den Raum und beginnt zu putzen. Sie beobachtet den Schwarzen. Der Schwarze weicht ihrem Blick aus. Langes Schweigen. Die Putzfrau kommt dem Schwarzen mit ihren Putzutensilien langsam näher. Sie bleibt vor ihm stehen und schaut ihn an. Sie nimmt ein Putzmittel aus ihrem Plastikkübel und hält es dem Schwarzen hin. Schweigen.

DIE PUTZFRAU *mit polnischem Akzent* Meister Proper ist jetzt bei Aldi dreißig Pfennig weniger.
DER SCHWARZE *vorsichtig* Ich liebe dieses Land.
DIE PUTZFRAU Deutschland sehr gut. Meister Proper Zitrusfrische. *Sie zeigt ihm einige Putzmittel.* Pirol Allzweckreiniger von Schlecker. General Antibakteriell bei Rossmann. Eine Liter Flasche Demark 1,59. Casa-Blanca von Drospa. Domestos. Atagel. Frosch ...
Sie lächelt ihn an.
DER SCHWARZE *ruhiger* Ich liebe dieses Land.

DIE PUTZFRAU Deutschland Mehrzahl, alles gut, Polen Ein-
zahl, nix gut. Schauen Sie, es hat gegeben in Polen nur
ein Putzmittel, es hat geheißen Jawox, es hat gestunken
wie WC in Abschiebegewahrsam. Strasznie! Fürchter-
lich!

Sie lacht. Schweigen.

DIE PUTZFRAU Wenn ich Ihnen erzähle Geschichte von
Ketchup, dann Sie verstehen mich. In Deutschland zehn,
zwanzig Ketchup in Geschäft, so viel wollen. In Polen
ein Ketchup, aber nicht in Geschäft, selber gemacht. Tomaten mit Gewirze kochen und in die Flaschen versenkt.
Warten. Probieren. Bei Anfang alles war gut, aber mit
vergehende Zeit ist Schimmel gekommen, erst eine
Schimmel, dann viele mehr Schimmel, und auf dem Ende
Ketchup war verloren. Polnischer Ketchup war verloren. Jesusmaria, und hat so gut geschmeckt bei Anfang.
Frische Tomaten, Essig, Zwiebel, Ingwer, feines Gewirz,
alles war hineingetan und bei Ende, alles war für nix.
Man sagt, Jeszcze Polska nie zginęła, noch ist Polen nicht
verloren, aber mit verschimmelte Ketchup, Polen war
verloren. Traurig, aber wahr, wie wir sagen in Deutschland.

Sie seufzt.

DER SCHWARZE *mit einer Spur von Anteilnahme* Ich liebe
dieses Land.

Sie schaut ihn an und wartet, daß er weiterspricht.
Schweigen.

DIE PUTZFRAU No, weitersprechen, wird's bald. Tempo.
Beeilung.

Der Schwarze schweigt.

DIE PUTZFRAU Bitteschön, man muß deutsche Sprache
sprechen in Deutschland, sonst geht einem Mensehen
wie polnischer Ketchup, man ist verloren ...

Sie hebt den Zeigefinger und schaut ihn sehr ernst an.

DER SCHWARZE *etwas verlegen* Ich liebe dieses Land.

Sie hält sich die gummibehandschuhte Hand ans Herz.

DIE PUTZFRAU Ist auch meinige Liebe. Deutschland, große Liebe. Bin ich geboren in Miłosna, was ist Niederschlesien. Eltern sind gekommen von Kołomyja, was ist Ukraina. Nach Ende von Krieg Deutsche aus Miłosna weg, wird's bald, Tempo, Beeilung, russische Polen von Kołomyja nach Miłosna. Vater Tomasz, Mutter Wiesława. Vater Tischler. Mutter Lehrer. Alle in Kolchose, PGR, Państwowe Gospodarstwo Rolne (1), Wohnung neben Schloß ... Hunger ... so viel Hunger ... *sie hält inne ...* hab ich verloren rote Faden ...

Schweigen. Sie denkt nach.

DER SCHWARZE *will ihr helfen* Ich liebe dieses Land.

DIE PUTZFRAU *greift sich an den Kopf* Jesusmaria, die Liebe. Wie hab ich vergessen können Liebe zu Deutschland. Bin ich gewesen ein Kind, wird gewesen sein in Neunzehnhundertfünfundfünfzig, werd ich gewesen sein fünf Jahre, ist gekommen Miliz, hat aufgebrochen vermauerte Zimmer in Schloß, was ist gewesen Versteck von die Deutschen, Loch ist größer und größer geworden, ist herausgequollen Teppich, Porzellan, Bilder in echte Öl, Gold, Silber, hab ich gedacht, Deutschland muß sein Paradies. Jesusmaria, so viele Prächtigkeit ...

Sie schüttelt den Kopf und macht Laute des Entzückens.

DER SCHWARZE *lächelt ein wenig* Ich liebe dieses Land.

DIE PUTZFRAU Bin ich nach Deutschland gegangen in Neunzehnhunderteinundachtzig, was ist andere Geschichte, bin ich angekommen in Düsseldorf Bahnhof, hab ich gefunden Paradies? Hab ich gefunden Paradies?

Sie schaut ihn fragend an, wartet auf seine Antwort.

DIE PUTZFRAU No? Hab ich gefunden Paradies?

DER SCHWARZE *verlegen* Ich liebe dieses Land.

DIE PUTZFRAU *ausrufend* Ich hab gefunden Paradies! Ich hab gefunden Paradies! Schauen Sie, wenn Sie haben Fixanstellung bei Polizeidirektion Berlin, wenn Sie haben Urlaubsgeld, Weihnachtsgeld, wenn Sie sind in Krankenversicherung, AOK, was ist Allgemeine Ortskrankenkasse, niemand kann Sie vertreiben aus Paradies. Niemand kann mehr sagen, weg, wird's bald, Tempo, Beeilung. Deutschland ist Paradies. Niemcy to raj. Muß man gut deutsch sprechen in Deutschland, gut deutsch sprechen. Muß man. Soll ich Ihnen eine Übung geben in Deutsch?

Sie hält Meister Proper hoch und zeigt es ihm. Sie spricht jedes Wort ganz langsam aus.

DIE PUTZFRAU Meister! Proper! Putzmittel!

Sie wartet auf seine Antwort. Der Schwarze schweigt.

DIE PUTZFRAU Bitte sehr. Putzmittel!

DER SCHWARZE *schweigt.*

DIE PUTZFRAU *verliert ein wenig die Geduld, wird laut* Putzmittel! Putzmittel! Środek do czyszczenia! Środek do czyszczenia!

Ein Wachebeamter im Abschiebegewahrsamsdienst kommt in den Raum. Er dreht das Licht etwas zurück.

DER WACHEBEAMTE *zur Putzfrau, lachend* Tschüß, Putze. Weg. Wird's bald? Tempo! Beeilung!

DIE PUTZFRAU *sammelt ihre Putzutensilien zusammen und schimpft vor sich hin* Czy ty jesteś człowiekiem? Co z ciebie za człowiek? Zły z ciebie człowiek ... (2)

Der Wachebeamte schaut zum Schwarzen, grinst und macht ein Zeichen, daß die Putzfrau verrückt sei. Die Putzfrau verschwindet. Ein Arzt im weißen Mantel kommt in den Raum. Er ist aufgeräumter Stimmung und pfeift eine Opernmelodie. Er stülpt sich mit besonderer Akribie einen Gummihandschuh über die rechte Hand.

DER WACHEBEAMTE Das ist er. Kein Name. Keine Papiere. Keine Angaben. Hat bei seiner Verhaftung auf zwei Kollegen eingeschlagen, gilt als extrem gewalttätig.

Der Wachebeamte stellt den Stuhl in die Mitte des Raumes. Er geht zum Schwarzen und sperrt das Schloß der

Kette, mit welcher der Schwarze an die Heizungsrohre gekettet ist, auf. Die Handschellen schließt er nicht auf. Der Schwarze wird unruhig, er beginnt zu zittern. Der Beamte führt ihn zum Stuhl. Der Arzt schmiert einen Finger seiner gummibehandschuhten Hand mit Vaseline ein.

DER ARZT *lachend* Ich würde lieber drei Handschuhe für ein Arschloch nehmen als einen Handschuh für drei Arschlöcher. *Zum Wachebeamten* Sie wissen, was einem Kollegen von mir passiert ist? Er wurde zu einer Analvisitation geholt und hatte in der Eile nur einen Handschuh mit, aber drei Arschlöcher zu untersuchen. Es waren Beamte anwesend, die fremdenfeindliche Witze über die Schwarzen machten. Wissen Sie, wer zur Verantwortung gezogen wurde? Nicht etwa Ihre rassistischen Kollegen. Nein. Nein. Den Arzt hat es erwischt. Er bekam ein Disziplinarverfahren, wegen Übertretung der Hygienevorschriften.

Der Beamte zieht dem Schwarzen die Hose und die Unterhose hinunter und drückt dessen Oberkörper über die Stuhllehne. Der Schwarze schaut mit dem Gesicht zum Publikum. Der Wachebeamte schlägt das Hemd des Schwarzen hoch. Der Schwarze zittert am ganzen Körper und versucht sich zu wehren. Der Wachebeamte hält ihn fest.

DER WACHEBEAMTE Ruhig, Kumpel, ruhig.

DER SCHWARZE *voller Angst* Ich liebe dieses Land.

DER ARZT Was sagt er?

DER WACHEBEAMTE Er liebt dieses Land.

DER ARZT *lacht* Ich nicht.

Er fährt dem Schwarzen mit dem gummibehandschuhten Finger in den After. Der Schwarze schreit auf

DER ARZT Wenn mir im Urlaub eine Gruppe Deutscher entgegenkommt, gehe ich auf die andere Straßenseite. Ich wollte nie zu den Deutschen gehören, deutscher Faschis-

mus und so. Als junger Mann habe ich mich mit Bräu-
nungscreme eingeschmiert, sie hieß Tamloo, ich wollte
wie ein Italiener oder wie ein Spanier aussehen. Ich wurde tatsächlich braun, an diversen Stellen, sah aus wie ein
Fleckenteppich.
*Er lacht. Sein Finger ist noch immer im After des
Schwarzen. Der Schwarze zittert am ganzen Körper.*
DER ARZT Später kamen Dragees auf den Markt, sogenann-
te Selbstbräuner. Man sollte davon aussehen wie Harry
Belafonte. Meine Haut färbte sich orange, ich sah aus
wie eine Karotte. *Er lacht* Keine Pute im Rohr, kein Koks
im Arsch, alles clean.
*Der Arzt zieht seinen Finger aus dem After des Schwar-
zen und schaut den herausgezogenen Finger an.*
DER ARZT Es lebe die Hygiene. *Er greift mit der behandschuhten Hand in eine Tasche seines Arztmantels und
holt einen Flachmann heraus. Er macht einen tiefen
Schluck und lacht* Ich kenne Afrika nur von hinten. Ein
dunkler Kontinent.
*Er eilt aus dem Zimmer. Der Schwarze versucht, seine
Blöße zu bedecken, mit den gefesselten Händen. Der
Wachebeamte führt ihn zurück zum Heizungsrohr und
kettet ihn wieder an diesem fest. Der Wachebeamte geht
aus dem Raum. Stille. Der Schwarze versucht, sich die
Unterhose hochzuziehen, es gelingt ihm nicht. Die Putzfrau schaut durch einen Spalt der halboffenen Tür und
kommt herein. Sie sieht, wie sich der Schwarze abmüht.
Sie schließt die Tür, dreht sich mit dem Rücken zu ihm
und wartet. Stille. Der Schwarze versucht immer wieder,
die Hose hochzuziehen, es gelingt ihm einfach nicht.*
DIE PUTZFRAU *steht mit dem Rücken zu ihm im Raum* Bin
ich sehr diskret und tue warten. Sag ich nicht, wird's
bald, Tempo, Beeilung.
*Der Schwarze gibt seinen Versuch, wenigstens die Unter-
hose hochzuziehen, auf. Er bedeckt seine Blöße mit den
gefesselten Händen. Schweigen.*

DIE PUTZFRAU Bin ich nicht neugierig wie viele andere Frau.

DER SCHWARZE *bittend* Ich liebe dieses Land.

Er zeigt mit den gefesselten Händen auf seine herunter-gelassene Hose. Schweigen. Die Putzfrau dreht sich nicht um.

DIE PUTZFRAU Obwohl ist Sehnsucht in diese Richtung manchmal vorhanden, bin ich sehr schüchtern, wegen religiöse Erziehung.

Schweigen.

DER SCHWARZE *flehentlich* Ich liebe dieses Land.

Er zeigt mit den gefesselten Händen immer wieder auf seine Hose. Die Putzfrau dreht sich ein klein wenig um und sieht seine Geste.

DIE PUTZFRAU Wenn ist reine Nächstenliebe, ist möglich.

Sie dreht sich um und hält sich die Hände vor die Augen.

DIE PUTZFRAU Wenn einverstanden, ich mache blinde Me-thode.

Sie geht – mit den Händen vor den Augen – auf ihn zu und bleibt knapp vor ihm stehen. Schweigen.

DIE PUTZFRAU Mit diese Methode ist nicht möglich.

Sie nimmt ihre Hände langsam von ihrem Gesicht. Sie versucht nicht »hinzuschauen«. Sie zieht ihm die Unter-hose und die Überhose hoch.

DIE PUTZFRAU Bitteschön.

Der Schwarze verbeugt sich ein wenig.

DER SCHWARZE Ich liebe dieses Land.

DIE PUTZFRAU *verbeugt sich vor ihm*. Bitte schön. Danke schön. Jetzt, wo wir gemacht haben nahe Bekanntschaft, gebe ich Ihnen Billet.

Sie zieht ein Kärtchen aus ihrem Arbeitsmantel und hält es ihm hin. Er schaut sie an.

DIE PUTZFRAU Das ist meine Name und Adresse und Tele-fon. Handynummer ich gebe Ihnen bei noch nähere Be-kanntschaft.

Sie hält ihm die Karte hin. Er schaut auf die Karte.

DIE PUTZFRAU Ist üblich in Deutschland, bilet wizytowy, Visitenkarte, hat jeder. *Sie zeigt auf die Visitenkarte und liest vor.* Janina Wiśniewska. Wilhelmstadt. Neu-Spandau. Schmidt-Knobelsdorfstraße 66. *Sie schaut ihn an. Er schaut sie an. Schweigen. Sie legt die Karte auf die Bank.*

JANINA Werden sein müssen viele Übungen in Deutsch mit Ihnen, werden wir anfangen müssen bei Anfang. Nikt się mistrzem nie rodzi. (3) *Sie schaut ihn an und deutet auf sich.*

JANINA *eindringlich* Ich. Janina Wiśniewska. Sie? Name? *Sie zeigt auf ihn. Schweigen.*

DER SCHWARZE *macht eine kleine, verneinende Geste mit dem Kopf* Ich liebe dieses Land.

JANINA Werd ich machen moderne Lernmethode, Pädagogik. *Sie streckt ihre Arme von sich, bewegt sich auf und ab und läuft im Raum herum. Sie hat noch immer ihre großen Gummihandschuhe an.*

JANINA Meine Vater, meine Mutter, Tomasz, Wiesława, mich haben nix genannt Janina, immer gesagt Motylek, Motylek, kleiner Schmetterling, von Motyl, was ist normale Schmetterling. Motylek! Motylek! Sie müssen sagen, Motylek, Motylek, Sie müssen sprechen deutsch, Motylek, Motylek, sonst sie werden nie hineinkommen in AOK. Motylek, Motylek, gut passend, immer im Leben ich war hinaufgeflogen und wieder gesunken, hinaufgeflogen und wieder gesunken. Wie ich war verhört, in Neunzehnhunderteinundachtzig von Miliz, wegen Ausreise nach Deutschland, war ich Tag und Nacht verhört, war ich sehr gesunken, hab ich immer vorgewiesen deutsche Einladung für Putzfrau, Doktor Wilfried Schmittenrein, Düsseldorf, Heidestraße 12, will Motylek für Putzfrau, Einladung hat mir überbracht Professor Tadeusz Perkowski, Professor für Germanistyka in Wrocław, Ulica Szewska 12, war ich hinaufgeflogen bei Übergebung, hat gekostet 50 Dollar, war ich ein bißchen hinuntergesunken, bei Ankunft in Düsseldorf Bahnhof war ich hinaufgeflogen bis in Himmel, bei Wohnungstür von Doktor Wilfried Schmittenrein war ich hinunterge-sunken auf Erde und unter Erde, Doktor Wilfried Schmittenrein hat Motylek nicht gekannt, hat gesagt, ist Irrtum und hat geschlossen Tür ... Motylek ... Motylek ... so müde ... deutsche Polizei hat Motylek gebracht in Nürnberg, Zindorf, in Flüchtlingslager ... keine Visum ... keine Paß ... nur Duldung, was war keine Romantik ... Motylek ist geflogen nur wenig über Erde ... über Zindorferde geflogen ... über Ulmerde ... über Halleer-de ... über Bremerhavenerde ... über Aschenbacherde ... über Frankfurterde ... über Dinkelsbühlerde ... im-mer putzen, putzen, putzen ... ist gelandet in Berlin ... in Polizeidirektion ... in AOK ... hat deutsche Staatsbür-gerschaft ... ist glücklich ...

Sie bleibt stehen, sie ist völlig außer Atem und atmet schwer. Schweigen.

DER SCHWARZE *leise* Beni ...

Sie starrt ihn an. Schweigen. Sie geht zu ihm hin.

JANINA *voller Aufregung zum Schwarzen* Beni ... ich Jani-na. Sie Beni?

Der Schwarze nickt.

JANINA Ich Janina Wiśniewska. Sie?

BENI Beni Jaja.

Die Tür öffnet sich einen Spalt. Ein ungefähr fünfund-dreißigjähriger Mann in Jeans und Pullover bleibt in der halbgeöffneten Tür stehen und beobachtet die beiden. Die beiden sind so miteinander beschäftigt, daß sie ihn nicht bemerken.

JANINA Wie möcht ich jetzt vor Aufregung weiterfragen? Ich Polen. Sie?

BENI Nigeria.

JANINA *der so schnell keine andere Frage einfällt* Putzmittel?

BENI Meister Proper.

JANINA Schmetterling?

BENI Motylek.

JANINA Jesusmaria, ist ja eine Konversation wie fließend. Ich geboren in Miłosna. Sie?

BENI *versteht sie nicht* E we na iwe, a hotam ihe i na ekwu. (4) *Fragend* English?

JANINA *lacht* Szkoła Podstawowa (5), Russisch. Szkoła Zawodowa (6), Russisch. In Polen nix Inglisch, nur Russisch.

BENI High School, Okirika. (7)

Kurzes Schweigen.

DER MANN *an der Tür, zu Beni* Schön. Reden Sie nur weiter.

Der Mann kommt in den Raum. Janina und Beni erschrecken und starren ihn an.

DER MANN *zu Beni, sehr freundlich* Jetzt habe ich Ihnen kurz zugehört, Sie sprechen ja gleich mehrere Sprachen.

BENI *wird unruhig*. Ich liebe dieses Land.

DER MANN Davon hat man mir erzählt, daß Sie nichts sagen, außer diesem einen Satz. Aber den immer wieder. Ich würde gerne ein Gespräch mit Ihnen führen. Mein Name ist Waldner, ich bin Psychologe.

BENI *abweisend* Ich liebe dieses Land.

DER PSYCHOLOGE *zu Janina* Würden Sie uns bitte kurze Zeit alleine lassen?

Janina rührt sich nicht von der Stelle. Schweigen. Der Wachebeamte schaut bei der Tür herein.

DER PSYCHOLOGE *zum Wachebeamten* Schließen Sie doch diese fürchterliche Kette auf.

Der Wachebeamte geht zu Beni und sperrt das Schloß der Kette auf.

DER WACHEBEAMTE Handschellen auch?

DER PSYCHOLOGE Schon in Ordnung.

Der Wachebeamte nimmt Beni die Handschellen nicht ab. Schweigen im Raum. Plötzlich stellt sich der Wachebeamte hinter Janina, streckt seine Hände von sich und imitiert eine flügelschlagende Henne.

DER WACHEBEAMTE Putze? Put! Put! Put! Put!

Janina läuft davon, er läuft hinter ihr her.

JANINA *schreit* Żeby cię Bóg pokarał! (8)

DER WACHEBEAMTE Put! Put! Put!

Er macht dem Psychologen ein Zeichen, daß diese Frau verrückt sei.

DER PSYCHOLOGE Lassen Sie das.

Der Wachebeamte scheucht Janina aus dem Zimmer und verschwindet mit ihr. Schweigen. Der Psychologe geht auf Beni zu.

DER PSYCHOLOGE Wollen Sie sich nicht ein wenig die Beine vertreten?

BENI *vorsichtig* Ich liebe dieses Land.

DER PSYCHOLOGE Lassen Sie uns doch miteinander auf und ab gehen. Sie müssen ja ein schreckliches Bewegungsmanko haben.

Er hakt sich bei Beni ein. Die Handschellen drücken auf Benis Handgelenke, er beginnt zu zittern. Der Psychologe geht mit ihm durch den Raum.

BENI *schmerzvoll* Ich liebe dieses Land.

Beni macht sich los.

DER PSYCHOLOGE Gut. Gehen Sie einfach neben mir.

Die beiden gehen im Zimmer nebeneinander auf und ab.

DER PSYCHOLOGE Sie lieben dieses Land, sagen Sie, aber liebt dieses Land Sie? Manchmal denke ich, ich hasse dieses Land. Als ich in Tübingen studierte und zur Untermiete wohnte, kam die Vermieterin jeden Freitag in 'die Bude und blickte in den Abort. Sie blickte tief in den Abort, wenn sie nur den geringsten Schatten sah, drehte sie durch. Die Deutschen brauchen zwei Dinge, die Sauberkeit und den kritischen Journalismus. Neunzehnhundertfünfundvierzig sagte ihnen die Welt, daß sie Schweine seien. Sie pochten sich schuldbewußt an die Brust und gründeten den kritischen Journalismus. Die Putzfrauen kommen am Freitag, damit am Wochenende alles sauber ist, und die kritischen Magazine kommen zumeist am Montag, damit die Deutschen eine saubere Woche vor sich haben. Sollen wir unser Gespräch lieber auf Englisch führen?

BENI *zwischen Gleichgültigkeit und Abweisung* Ich liebe dieses Land.

Janina öffnet ein wenig die Tür, schaut kurz herein, versucht Beni ein Zeichen zu machen und verschwindet wieder. Beni geht neben dem Psychologen. Der Psychologe hält im Reden inne und schaut auf Benis Beine.

DER PSYCHOLOGE Verzeihen Sie, es macht mich ein wenig nervös, wenn Sie ganz anders gehen als ich, ich meine, wenn wir nicht im Gleichschritt gehen. Ich weiß schon, das ist ein schreckliches Wort »Gleichschritt«, extrem vorbelastet. Ich will sagen, es geht sich einfach leichter miteinander, wenn man im Einklang geht. Ich setze mein rechtes Bein vor, und Sie setzen Ihr rechtes Bein vor. Ich ziehe mein linkes Bein nach, und Sie ziehen ihr linkes Bein nach. Das kann doch nicht so schwer sein.

Er macht es vor. Beni macht es nicht nach.

BENI Ich liebe dieses Land.

Der Psychologe geht weiter, Beni bleibt stehen. Der Psychologe umkreist ihn. Janina schaut wieder durch den Türspalt. Sie spielt kurz den Schmetterling. Beni sieht es. Der Psychologe bemerkt es nicht. Janina verschwindet wieder.

DER PSYCHOLOGE Sie stammen aus Nigeria und haben dort die High School besucht, wie ich vernommen habe?

BENI Ich liebe dieses Land.

DER PSYCHOLOGE Sie sind aus politischen Gründen aus Nigeria geflüchtet? In den letzten Jahren sind Tausende geflüchtet, aus Verzweiflung und Hoffnungslosigkeit, viele in Ihrem Alter.

Seine Armbanduhr piepst. Er stellt es ab, bleibt stehen und lacht.

DER PSYCHOLOGE Die Berliner Polizeidirektion veranschlagt für ein Häftlingsgespräch acht Minuten, mehr nicht.

BERTI Ich liebe dieses Land.

DER PSYCHOLOGE Diesen Satz kennen wir schon, aber Sie werden damit nicht durchkommen. Ich mache Ihnen einen Vorschlag. Sie machen Angaben zu Ihrer Person, und ich setze mich im Rahmen meiner Möglichkeiten dafür ein, daß Sie in Ihrem geliebten Deutschland bleiben können, zumindest vorderhand. Sie wissen, daß es ein Abkommen zwischen der deutschen und der nigerianischen Regierung gibt, wonach Personen, deren Identität nicht feststellbar oder zweifelhaft ist, nach Nigeria zurückgeschickt werden können?

BENI Ich liebe dieses Land.

Schweigen. Der Psychologe nickt und geht zur Tür, dabei stolpert er über seine eigenen Füße. Er bleibt stehen, übt kurz das »richtige« Gehen und wendet sich vor dem Hinausgehen noch einmal an Beni.

DER PSYCHOLOGE Ist Ihnen klar, daß Sie mir das Gefühl der Erfolglosigkeit beschert haben?

Schweigen. Er dreht mit einer schnellen Handbewegung am Drehschalter, es wird fast dunkel, er geht hinaus. Kaum ist er draußen, geht die Tür wieder einen Spalt auf, Janina schaut herein und kommt in den Raum. Sie dreht das Licht wieder voll auf. Sie schaut zur Tür, hinter welcher soeben der Psychologe verschwunden ist.

JANINA Riecht nach Nivea, gute Nivea. In Polen schlechte Nivea. In Deutschland blaue Dose, in Polen weiße Dose,

hab ich immer geträumt von blaue Dose. Das erste Mal
Traum ist in Erfüllung gegangen in Düsseldorf Bahnhof.
Beni setzt sich auf die Bank und lehnt sich mit dem Rük-
ken an die Wand. Janina hat noch immer ihre großen
Gummihandschuhe an, in der einen Hand hält sie ein
Musikinstrument, eine Okarina. Beni hört ihr zu.

JANINA Hab ich sofort gekauft eine Dose Nivea in Düsseldorf Bahnhof, bei Schlecker. Bin ich gegangen in WC und
hab ich mir geschmiert halbe Dose in Gesicht. Jesusmaria, das war eine Romantik. Dreißig Jahre man hat geträumt von diese Odeur und auf einmal war da. Bin ich
romantische Seele mit viel Traum.
Sie geht auf ihn zu.

JANINA Kann ich Bekanntschaft näher machen, kann ich
haben Auskunft über Ihre Seele, ein wenig?
Beni schweigt, sie zeigt auf ihn.

JANINA Seele?

BENI Seele?

JANINA Seele! Dusza!

BENI Dusza.

JANINA Deutsch wird immer besser. In Neunzehnhundert-
siebenundfünfzig, Szkoła Podstawowa, hat romantische
Seele Anfang genommen. Bin ich gesessen in Schulbank,
Schule war in Schloß, hab ich gegeben meine Blicke in
Park, hab ich gesehen alter Mann in Frack ... ganze zer-
rissen ... hat gespielt Geige ... ein Deutscher ... Leute im
Dorf haben gesagt, verrückt ... nix wird's bald, Beei-
lung, weg ... in Miłosna geblieben ... immer Geige ge-
spielt ... hab ich geträumt, Deutschland ist Paradies mit
Musik von Geige ... bin ich Musikseele geworden ...
Sie hält Beni die Okarina hin.

JANINA Hab ich genommen von Schrank, wo sind die Ge-
genstände von verschobene Flüchtlinge. Möcht ich fragen, ob Sie sind auch Musikseele, wegen Übereinstim-
mung.

*Beni nimmt die Okarina. Er betrachtet sie und führt sie
an seine Lippen, was ihm mit den Handschellen einigermaßen schwerfällt. Er bläst zart in die Okarina, es gelingt ihm erstaunlich schnell, auf ihr eine Melodie zu
spielen. Er scheint es im Üben zu lernen und spielt immer
besser, obwohl ihn die Handschellen behindern. Janina
hört ihm zu.*

JANINA Jesusmaria. Beni Jaja hat Musikseele, Janina Wiśniewska hat Musikseele, Bekanntschaft geht in Tiefe.

*Beni spielt. Janina hört ihm zu. Er setzt die Okarina ab.
Sie schaut ihn an.*

JANINA Mutter Wiesława hat gesagt, Motylek darf nicht in
Musik, muß in Gastronomie ... viele Hunger in Miłosna
... muß Nachhause bringen Essen ... *sie macht das Zeichen des Stehlens* ... muß arbeiten ... bin ich gekommen
in Werkküche, zu Zwiebel ... das war fast Ende von Musikseele Motylek ...

Beni lächelt und spielt noch ein paar Töne.

JANINA Herr Beni Jaja, Sie sind Auferstehung von Musikseele Motylek. Dankeschön. Werd ich Ihnen so viele deutsche Übung geben, bis Sie sind hier zu Hause.

*Der Wachebeamte kommt mit einer Kiste Bier in den
Raum. Er stellt sie ab und dreht das Licht etwas schwächer*

DER WACHEBEAMTE *zeigt auf seine Armbanduhr, zu Janina*
Feierabend. Ab ins Wochenende. *Zu Beni* Hier ist das
Deutsche Fernsehen mit seinem Hauptabendprogramm.
»Wetten, daß...?«

*Beni wird unruhig und legt die Okarina auf die Bank. Janina bleibt. Sie dreht sich um und hält dem Wachebeamten ihren Hintern hin. Er schaut kurz auf ihren Hintern
und tritt dagegen. Janina schreit auf. Er jagt sie mit Fußtritten aus dem Raum. Er schließt die Tür und macht das
Licht noch etwas schwächer. Schweigen. Beni drückt seinen Rücken an die Wand und starrt den Wachebeamten*

an. Der Wachebeamte trägt die Kiste Bier zu ihm hin,
stellt sie ab und nimmt Bierflaschen aus der Kiste, eine
nach der anderen, insgesamt neun Flaschen. Er stellt die
Flaschen vor Beni auf, keine hat einen Verschluß. Jedes
Bier ist von einer anderen Sorte. Beni starrt ihn ängstlich
an.

DER WACHEBEAMTE Radeberger. Berliner Kindl. Schultheiss. Köstritzer. Beck's. Holsten. Budweiser. Jever.
Flensburger. Alles Pils. Und jetzt Kumpel, jetzt spielen
wir »Wetten, daß...?«

BENI *voller Abwehr* Ich liebe dieses Land.

DER WACHEBEAMTE Klar. Hör zu, Kumpel. Ich bin Kandi-
dat bei »Wetten, daß ...?« Ja? Ich sage, ich trinke mit
verbundenen Augen aus einer Flasche und kann sagen,
welche Marke es ist, und was sagst du?

BENI Ich liebe dieses Land.

DER WACHEBEAMTE Du sagst, was du machst, wenn ich gewinne und du verlierst.

BENI Ich liebe dieses Land.

DER WACHEBEAMTE Wenn ich gewinne, zeigst du Verständnis für mich, das ist dein Einsatz, alles klar?
Der Wachebeamte bindet sich ein Taschentuch über die
Augen. Er fährt mit seiner Hand vor dem Taschentuch
auf und ab.

DER WACHEBEAMTE Top. Die Wette gilt.
Der Wachebeamte nimmt eine der Flaschen und macht
einen langen Zug aus ihr. Kurze Stille.

DER WACHEBEAMTE *mit verbundenen Augen* Das war ein
Flensburger Pils. Stimmt's?
Er hebt das Taschentuch ein wenig hoch.

DER WACHEBEAMTE Stimmt.
Er zieht das Taschentuch wieder über die Augen, nimmt
eine weitere Flasche aus der Reihe und trinkt daraus.

DER WACHEBEAMTE Das ist ein Schultheiss. Stimmt hundertprozentig. Brauch ich gar nicht nachsehen.

Er nimmt die nächste Flasche und trinkt sie halb leer.

DER WACHEBEAMTE Laß raten.

Er macht noch einen Schluck aus derselben Flasche und setzt sie ab.

DER WACHEBEAMTE *nach einer Pause* Es ist ... es ist ein Köstritzer.

Er hebt das Taschentuch ein wenig hoch.

DER WACHEBEAMTE Klasse. Stimmt.

Er zieht das Taschentuch wieder über die Augen und trinkt aus der nächsten Flasche.

DER WACHEBEAMTE Radeberger. Junge, ich glaube, du verlierst die Wette. Denk schon mal über deinen Einsatz nach.

Er nimmt die nächste Bierflasche und trinkt die ganze Flasche aus.

DER WACHEBEAMTE Zum Wohle. Es war ein Jever, korrekt?

Er schaut kurz nach.

DER WACHEBEAMTE Korrekt.

Er wird langsam betrunken. Er nimmt die nächste Flasche und trinkt.

DER WACHEBEAMTE Holsten. Was habe ich dir gesagt, was du tun mußt, wenn du verlierst?

BENI *ängstlich* Ich liebe dieses Land.

DER WACHEBEAMTE Verständnis mußt du zeigen. Mit mir, daß ich solche Kaffern wie dich aushalte, die immer denselben Scheiß reden.

Er nimmt die nächste Flasche und trinkt.

DER WACHEBEAMTE Ihr redet Scheiß, ihr kommt nach Deutschland, dealt mit Drogen und wollt unsere Frauen ficken. Das war ein Berliner Kindl. Aber wenn ich sage, was ich mit euch Affen erlebe, dann krieg ich eins in die Fresse, dann bin ich der Arsch bei meinem Vorgesetzten, dann rauscht der Blätterwald, dann bist du in der Talk-Show und ich in der Scheiße. Verstehst du mich, Kumpel?

BENI *vorsichtig* Ich liebe dieses Land.

DER WACHEBEAMTE Die Linken reißen das Maul auf und haben keine Ahnung, wie das ist, wenn hier einer von euch in den Gewahrsam kackt. Schröder ist in Ordnung, Fischer ist in Ordnung, Schily ist in Ordnung, die haben den ganzen linken Scheiß hinter sich.

Er nimmt eine Flasche und trinkt sie aus. Er nimmt das Taschentuch von seinen Augen.

DER WACHEBEAMTE Meine Frau ist auch in Ordnung, aber sie hat einen Tick, verstehst du? Sie kann die Wichse nicht ausstehen, sie sagt immer, das sei klebriges, ekliges Zeugs. Kapier ich ja, daß ich nicht reinspritze wie die Dahlemer Feuerwehr, geht die Wichse eben aufs Laken. Der Fleck wird so schnell kalt und unangenehm, sagt sie, also lass' ich die Wichse ins Taschentuch. Das Taschentuch ist frisch gebügelt, sagt sie, ich soll die Wichse in den Abort transportieren. Hast du schon mal abgespritzt und die Wichse in den Abort gebracht? Du schaffst es nicht, Junge, glaub mir. Du spritzt ab, springst aus dem Bett, läufst in den Abort und läßt es rein. Aber unterwegs ist dir die halbe Wichse auf den Teppich getropft, auf den teuren Teppich, jault sie. Also, was machst du, Junge? Du gehst mit deiner Wichse in die Tschechische Republik, das tust du. Fährst rüber nach Cheb, legst fünfzig Mark auf den Tisch des Hauses und kannst spritzen, wohin du willst, rein oder daneben. Kannst auch auf Kinder spritzen. Das kümmert die Tschechen nicht. Verstehst du?

BENI *mit großer Anspannung* Ich liebe dieses Land.

DER WACHEBEAMTE Ob du mich verstehst, hab ich dich gefragt! *Schreit* Verstehst du mich?

BENI *in größter Angst* Ich liebe dieses Land.

Der Wachebeamte schlägt ihm, mit einer blitzschnellen Drehung, den Fuß ins Gesicht. Beni fällt zu Boden und rührt sich nicht mehr. Der Wachebeamte steht da,

wankt, starrt auf Beni, sammelt mühsam die Bierfla-
schen ein und geht aus dem Raum. Beni liegt regungslos
am Boden. Stille. Von weitem hört man einen kaum
wahrnehmbaren Rumor, den Zug der Loveparade. Jani-
na öffnet vorsichtig die Tür und sieht den am Boden lie-
genden Beni.

JANINA Matko Boska! (9)

Sie geht zu ihm hin, kniet neben ihm nieder, mit dem
Rücken zum Publikum. Sie schluchzt. Sie zieht ein klei-
nes Fläschchen aus einer Tasche ihres Arbeitskleides und
stellt es neben sich.

JANINA *redet mit sich selber* Wenn ist Körper und Seele ka-
putt, gibt es Hausmittel aus Polen. Aloes. Ist Träne von
Kaktus.

Sie hält inne, will die Handschuhe ausziehen, steht auf,
geht zum Drehschalter und dreht das Licht zurück, es ist
fast dunkel im Raum. Sie kniet sich wieder neben Beni,
mit dem Rücken zum Publikum. Sie schaut zur Tür, war-
tet und zieht ihre Gummihandschuhe aus. Man kann
ihre Hände nicht sehen. Sie zieht behutsam sein Hemd
hoch. Sie nimmt das Hausmittel und schmiert ihm den
Rücken ein. Sie singt dazu ein Lied, ein polnisches
Schlaflied.

JANINA Śpij Beni słodko, śpij słodko
Niech omijają twój próg
Złe smutki lalek stłuczonych
Pajacy bez rąk i nóg
Noc ciemna stoi na straży
U twoich okien i drzwi
Śpij Beni słodko, śpij słodko. (10)

Stille. Sie summt die Melodie des Liedes. Von weitem
hört man den näherkommenden Rumor der Lovepara-
de. Die Tür des Raumes geht auf, der Wachebeamte
bleibt im Türrahmen stehen. Er wankt. Sie zieht blitz-
schnell ihre Handschuhe an. Er dreht das Licht voll auf.

Janina steckt das Fläschchen ein, zieht Beni sanft das Hemd über den Rücken, steht auf und geht aus dem Raum, am Wachebeamten vorbei. Er geht ihr nach. Die Tür bleibt offen. Vom Gang hört man das Geräusch eines sich öffnenden und schließenden Ganggitters. Beni liegt regungslos am Boden. Der Rumor der Loveparade kommt näher. Vom Gang hört man Stimmen.

EINE MÄNNLICHE STIMME *von draußen* Hier ist mein Presseausweis, und wo ist dieser Schwarze, der nur einen einzigen Satz spricht, ich liebe dieses Land?

Man hört das Öffnen und Schließen des Ganggitters. Ein Journalist, etwas über fünfzig, erscheint in der offenen Tür, hinter ihm eine sehr junge Frau mit Fotoausrüstung. Beni liegt am Boden und stöhnt. Die beiden betrachten ihn. Schweigen.

DER JOURNALIST Das Stöhnen dieses Schwarzen ist berührender als jeder Satz, den er sagen könnte, und sei es nur ein einziger.

Die Fotografin geht zu Beni und dreht seinen Kopf vorsichtig zur Seite, damit man sein Gesicht besser sehen kann. Beni stöhnt. Sie hantiert an ihrer Fotoausrüstung und beginnt zu fotografieren. Während sie fotografiert, beobachtet der Journalist den stöhnenden Beni.

DER JOURNALIST Sein Stöhnen sagt alles, während man hier alles nur sagt: Sätze! Sätze! Ganz Deutschland besteht ja nur aus Sätzen. Aus intelligenten und grammatikalisch richtig gesprochenen Sätzen. Mit ihren Sätzen nageln die Menschen in diesem Lande alles zu, ihren Schmerz, ihre Geschichte, ihr ganzes Land. Deutschland ist perfekt vernagelt. Die Deutschen sind perfekt vernagelt, man sieht sie nicht mehr, sie sind hinter ihren Sätzen verschwunden. Wenn man einen Menschen in diesem Lande liebt und vor Sehnsucht die Bretter herunterreißt, ist der Käfig leer. Die Deutschen flennen vor Hilflosigkeit in der Nacht, aber kein Wehklagen ist zu hören, nur Sätze,

Formulierungen, Talkshows. Menschen trennen sich, aber es entsteht keine Stille, kein Schweigen, nur Interpretationen. Wenn ein geliebter Mensch in diesem Lande stirbt, schreit niemand vor Verzweiflung, ein Pastor spricht gesetzte Worte, man könnte ihn für einen Professor der Rhetorik halten. Ein Kanzler verrät die Arbeiterklasse, aber nichts kennzeichnet ihn als Verräter, er spricht Sätze, welche sogar seinen Opfern vernünftig erscheinen.

Beni stöhnt. Die Fotografin ist mit ihrer Arbeit fertig und packt ihre Ausrüstung zusammen. Sie geht aus dem Raum. Beni kriecht auf den Journalisten zu. Der Journalist weicht ein paar Schritte zurück und redet weiter.

DER JOURNALIST Nur wenn wir zum Tier werden, zum stummen Vieh, erreichen wir einen gewissen Grad an Menschlichkeit. Erst wenn die Deutschen erfroren im russischen Schnee liegen, wenn ihnen die Wasserwerfer die Sätze aus dem Mund gespült haben, wenn sie zu Tausenden stumm auf den südlichen Stränden liegen und schweigen, weil ihnen die Hitze die Sprache verbrannt hat, haben sie Anmut. Die Nichterfrorenen flüchten wieder in die Sätze, die Demonstrierenden verfassen Essays und die vom Urlaub Heimgekehrten halten Lichtbildervorträge.

Die Fotografin kommt mit einer Decke zurück in den Raum. Sie deckt den Schwarzen zu und wickelt ihn ein wenig ein. Der Journalist redet weiter.

DER JOURNALIST Die Deutschen sind ans Alphabet gekreuzigt. Sie hängen am Buchstaben, am Wort, am Komma, und sind glücklich. Wenn sie aus der Sprache fallen, fallen sie vom Kreuze und verwesen in ihren Wohnungen. Es gibt keinen Deutschen, es gibt nur die deutsche Sprache, und da diese korrekt und vernünftig klingt, vermutet man dahinter ein ganzes Volk. Manchmal tritt dieses Volk vor seine Sprache und ist für einen Moment

sichtbar. Wenn die Bürger der DDR den Checkpoint
Charly überrennen und nach Bananen brüllen, wenn
Millionen vor dem Fernsehapparat sitzen, die deutsche
Nationalmannschaft ein Tor schießt und das ganze Land
ein einziger Jubelschrei ist, dann hat sich dieses Volk für
einen Moment gezeigt, groß und erhaben. Wenn dem
Saumagen des ehemaligen Bundeskanzlers mitten in sei-
ner Vernehmung ein Rülpser hochkommt, so ist dies
ein Augenblick größter Würde, tiefster Wahrhaftigkeit.
Wenn er daraufhin das Wort »Entschuldigung« sagt, hat
er schon wieder gelogen. Er entschuldigt sich für gar
nichts, er redet, er formuliert, er sagt Sätze, er sitzt im
Käfig der Sprache, unauffindbar.
Beni stöhnt.
DIE FOTOGRAFIN Bist du fertig?
*Schweigen. Die Fotografin geht. Der Journalist geht ihr
nach. Die beiden verlassen den Raum. Die Tür des Raumes bleibt offen. Man hört das auf- und zugehende
Ganggitter, dann ist es wieder still. Man hört den Rumor
der näherkommenden Loveparade. Beni versucht aufzu-
stehen, es gelingt ihm nicht. Der Wachebeamte kommt
wankend in den Raum und hilft ihm dabei. Er setzt ihn
auf den Stuhl in der Mitte des Raumes. Er nimmt die
Decke mit und geht. Der Rumor der Loveparade wird
lauter. Der Wachebeamte kommt wieder in den Raum
und dreht das Licht zurück. Er steht in der offenen Tür.*
DER WACHEBEAMTE Gute Nacht.
*Es klingt wie eine Entschuldigung. Er geht und läßt die
Tür offen. Der Rumor der Loveparade wird lauter. Das
Ganggitter geht auf und zu, man kann es kaum hören.
Beni sitzt auf dem Stuhl und rührt sich nicht. Zwei Gestalten, ein Mann und eine Frau, in der ausgeflippten Ko-
stümierung und Bemalung der Loveparadeteilnehmer
kommen leise in den dunklen Raum. Beni bemerkt sie
nicht. Der Mann schleicht sich an Beni, der mit dem Ge-*

sicht zum Publikum sitzt, heran und hält ihm mit beiden Händen von hinten die Augen zu.

DER MANN Wer isses?

Beni versucht um sich zu schlagen, die Handschellen hindern ihn daran. Der Mann nimmt seine Hände von Benis Gesicht und lacht.

DER MANN Ich bin der Polizeipräsident von Berlin, Eugen Flimmer.

Die Frau steht an der Eingangstür und dreht das Licht voll auf.

DER MANN Und das ist meine Frau, Rita Flimmer.

Die beiden lachen.

DER POLIZEIPRÄSIDENT Wir haben von Ihnen gehört, von diesem einen Satz, den Sie immer sagen. Das macht ja richtig die Runde. Würden Sie mir und meiner Frau den Gefallen machen und den Satz wiederholen?

Beni schweigt.

DER POLIZEIPRÄSIDENT Bitte. Ich liebe dieses Land.

BENI *unsicher* Ich liebe dieses Land.

DER POLIZEIPRÄSIDENT Hast du gehört, Rita, er sagt immer nur diesen einen Satz. Verrückt.

Die beiden lachen.

DER POLIZEIPRÄSIDENT Wundern Sie sich nicht über unseren Aufzug. Eine Maskerade. Wir machen mit bei der Loveparade. Der Polizeipräsident von Berlin und seine Frau machen mit bei der Loveparade, in Kostüm und Maske!

Die beiden lachen.

DER POLIZEIPRÄSIDENT Früher hat man bei solchen Veranstaltungen Hundertschaften von Polizisten hingeschickt, Wasserwerfer, Hundestaffeln, Greifkommandos. *Er lacht* Das ganze Arsenal des Schreckens. Das ist over. Wir mischen uns unter die Leute, die halbe Loveparade besteht aus meinen Leuten.

Die beiden lachen. Kurzes Schweigen. Sie beobachten Beni.

DER POLIZEIPRÄSIDENT Sie lieben Deutschland, sagen Sie? Offen gesagt, ich habe ein Faible für Österreich. Die Österreicher haben etwas zutiefst Menschliches an sich, auch in der Polizeiarbeit. Kennen Sie die Geschichte vom Wiener Polizeipräsidenten, der einem Schwerverbrecher, welcher von der Polizei umstellt ist, zuruft: I bins, dein Präsident. Daraufhin gibt der Schwerverbrecher auf, der Polizeipräsident geht zu ihm hin, umarmt ihn, und der Verbrecher schluchzt an der Schulter des Präsidenten.

Die beiden lachen. Beni schweigt.

DER POLIZEIPRÄSIDENT *schaut Beni an* Das muß doch nicht sein, daß man Sie hier mit angelegten Handschellen sitzen läßt. Warten Sie einen Augenblick.

Der Polizeipräsident geht aus dem Raum. Die Frau des Polizeipräsidenten geht auf Beni zu und schaut ihn von oben bis unten an. Sie kommt ihm nahe. Beni wird unruhig. Er steht auf, es fällt ihm schwer. Die Frau des Polizeipräsidenten lächelt ihn an, kommt ihm noch näher und beginnt, sein Hemd aufzuknöpfen.

DIE FRAU Was für ein schöner, junger Mann.

Der Polizeipräsident kommt in den Raum und hält einen Schlüssel hoch.

DER POLIZEIPRÄSIDENT *lachend* Alles schläft, niemand wacht.

Er sperrt Benis Handschellen auf. Beni reibt sich die Handgelenke.

DER POLIZEIPRÄSIDENT So kann man sich doch viel vernünftiger unterhalten.

DIE FRAU *lächelnd* Sag mal, Eugen, was machen deine Leute, wenn sie einen Dealer nach Drogen absuchen? Ich habe gehört, sie stecken ihren Finger in seinen After. Stimmt das?

Sie hält ihre Hand hoch und streckt den Mittelfinger aus. Der Polizeipräsident lacht. Beni wird wieder unruhig.

Die Frau fährt mit ihrer Hand in Benis Hose, Beni beginnt zu zittern. Die Frau schaut ihren Mann an.

DER POLIZEIPRÄSIDENT Bitte, Rita, ich glaube nicht, daß unsere Beziehungsproblematik den jungen Mann interessiert.

Die Frau schaut ihren Mann an, lächelt und stößt ihren Finger in Benis Hintern, Beni schreit auf und dreht durch. Er schlägt mit aller Gewalt auf die Frau ein. Die Frau fällt zu Boden und rührt sich nicht mehr. Der Polizeipräsident will aus dem Raum laufen, Beni sperrt ihm den Weg ab. Er geht drohend auf ihn zu. Der Polizeipräsident flüchtet sich in eine Ecke des Raumes. Die Frau erwacht aus ihrer Ohnmacht.

DIE FRAU Eugen, ich will nicht sterben.

Schweigen. Sie ist wieder still und regungslos. Der Polizeipräsident streckt Beni eine Chipkarte entgegen. Der Rumor der Loveparade wird immer lauter.

DER POLIZEIPRÄSIDENT *voller Angst* Hören Sie! Nehmen Sie diese Chipkarte. Gehen Sie! Sie können damit das Ganggitter aufsperren und das Haupttor. Alle sind bei der Loveparade oder schlafen. Take it! Take it!

Beni starrt den Polizeipräsidenten an. Der Polizeipräsident starrt ihn an und hält ihm den Chip entgegen.

DER POLIZEIPRÄSIDENT *zitternd* Nehmen Sie doch! *Er beginnt zu lachen, ein angsterfülltes, hysterisches Lachen.* Sie haben mir einen Gefallen getan. Ich wollte meine Frau schon immer umbringen. Aber wie soll ich das anstellen? Als Polizeipräsident? Soll ich ins nächste Waffengeschäft gehen und eine Pistole kaufen? Mich kennt doch jeder. Ich habe im Fernsehen eine Sendung gesehen, über das Abzapfen von Gift bei Insekten und Schlangen. Es geht ganz einfach. Ich wollte ihr das Gift ins Frühstücksei injizieren. Aber was mache ich mit der Viper? Eine Viper erholt sich nach kürzester Zeit und produziert neues Gift. Soll ich die Viper in die Spree werfen

und unschuldige Badende gefährden? Oder in einen
Müllcontainer? Sie könnte einen Penner beißen. Nehmen Sie doch! Nehmen Sie doch!
*Er hält Beni die Chipkarte hin und schaut ihn flehentlich
und ängstlich an. Beni nimmt ihm die Karte aus der
Hand. Der Polizeipräsident schluchzt und sinkt in sich
zusammen. Beni geht zur Tür bleibt stehen, kehrt um,
nimmt die Okarina und Janinas Visitenkarte von der
Bank und verläßt den Raum. Der Lärm der Loveparade
wird immer stärker und stärker. Ende des ersten Aktes.*

2. Akt

Die Wohnung von Janina Wiśniewska in Neu-Spandau, ein
Raum voll mit religiösen Utensilien: Bilder von der Mutter-
gottes, ein großer Teller mit dem Bildnis des polnischen
Papstes, eine verkorkte Flasche in der Gestalt der Heiligen
Jungfrau von Fatima, gefüllt mit Weihwasser, ein Bildnis
des Heiligen Antonius von Padua, daneben ein Bildnis des
Heiligen Antonius von Ägypten. Dazwischen ein Bildnis
von Janinas Eltern, über dem ein Rosenkranz hängt, und
drei Kuckucksuhren in verschiedenen Größen. Auf der lin-
ken Seite des Raumes befindet sich eine kleine Einbaukü-
che, davor ein Tisch mit drei Stühlen. Auf der gegenüberlie-
genden Seite steht ein breites Bett. Eine große Puppe mit
blonder Perücke sitzt auf dem Bett. Neben dem Bett steht
eine batteriebetriebene Lampe, 1,10 Meter hoch, in Form
eines Plüschaffen. Janina steht neben dem Küchentisch und
gießt Kaffee ein. Sie trägt noch immer übergroße Hand-
schuhe, diesmal selbstgestrickte. Beni Jaja sitzt am schön
gedeckten Küchentisch, ißt Kuchen und trinkt Kaffee. Jani-
na beobachtet ihn dabei und lächelt.

JANINA Kaffee und Kuchen, das ist deutsche Paradies. Ech-
    te deutsche Bohnenkaffee, was hat die beste Odeur von
    der Welt. *Sie zeigt auf die diversen Süßigkeiten und zählt*
    sie auf: Schwarzwälder Kirsch, Berliner, Buttercreme-
    torte, Negerküsse, Bienenstich. Hab ich gekauft bei
    Widmann, alles für Beni Jaja.
    Sie beobachtet ihn beim Essen und lächelt. Er scheint
    sehr hungrig zu sein. Plötzlich faßt sie sich mit der Hand
    an den Kopf.
JANINA Bin ich veralzheimert, hab ich vergessen Sahne. Ku-
    chen ohne Sahne ist Todsünde in Deutschland. Wo ist
    Sahne? Wo ist Sahne?

Sie durchstöbert den Küchenschrank, sie findet keine Sahne. Sie geht zum Bildnis des Heiligen Antonius von Padua und bekreuzigt sich.

JANINA Heiliger Antonius von Padua, hilf mir finden deutsche Sahne. *Zu Beni* Heiliger Antonius von Padua ist zuständig für verlorene Sachen. Daneben, Heiliger Antonius von Ägypten ist zuständig für Abwehr von sündige Gelüste. *Zu Antonius* Antonius von Padua, wo ist Sahne? *Zu Beni* Wenn er mir soll helfen, muß ich geben Versprechung, kleine Gelübde. *Sie lacht* No, werd ich ihm versprechen bei Auffindung von Sahne, daß ich nicht haben werd sündige Gelüste auf Herrn Beni Jaja.

Sie geht zurück zum Küchenkasten und kramt darin. Sie findet keine Sahne. Sie lacht ihn an.

JANINA Sahne ist verschwunden, leider.

Beni schaut auf, mit vollem Mund.

JANINA Herr Beni Jaja möcht bleiben in deutsche Paradies?

Beni schaut sie an.

JANINA Mit Trauschein, Abschiebung ist nicht möglich.

Sie streckt ihre behandschuhten Zeigefinger aus und fügt sie zusammen, auseinander und wieder zusammen. Sie lächelt ihn an.

JANINA Beni Jaja und Janina Wiśniewska, wie ist?

Beni ißt weiter. Sie geht zur Wand, nimmt das Bild ihrer Eltern herunter und zeigt es Beni.

JANINA Mutter Wiesława. Vater Tomasz. Zusammengefügt auf ewig.

BENI *schaut das Bild an* Father?

JANINA Vater.

Sie schaut das Bild an und macht ein trauriges Gesicht.

JANINA Vater Tomasz ... *Sie schaut still auf das Bild* ... Panie, zmiłuj się nad jego duszą (11) ... In Neunzehnhunderteinundsechzig, auf eine Mal Musik war weg, deutsche Geiger war verschwunden ... hab ich gedacht, Geiger ist gegangen in Deutschland, muß ich auch gehen in Deutschland … bin ich gegangen in Richtung … Vater Tomasz hat mich gefangen, hat mich gehauen … hab ich erzählt ganze Geschichte … hat gelacht … hat gesagt, Jesusmaria, Motylek ist Musikseele … hat alte russische Harmonika geholt, hat gespielt für Motylek … hat Schwein gestohlen Vater Tomasz, aus PGR … so viele Hunger … ist eingesperrt Gefängnis Wrocław … ist zurückgekommen nach halbe Jahr … hat sich ertrunken in Fluß Biała-Lądecka … bin ich gegangen zu Fluß Biała-Lądecka … einen Tag, viele Tage … bis ich gehört habe Harmonika von Vater Tomasz … das war Überlebung von Musikseele Motylek …

Sie schaut lange auf das Bild. Dann schaut sie Beni an und lacht wieder.

JANINA Sie müssen essen noch eine Stück Schwarzwälder Kirsch, Sie müssen sein stark für Trauungszeremonie in Kirche.

Sie schiebt ihm einen Berliner hin.

BENI Thank you.

Janina zeigt auf die verbliebenen Süßigkeiten.

JANINA Schwarzwälder Kirsch, bitte schön? Negerküsse vielleicht?

BENI Thank you very much.

JANINA *lacht* Bevor wir machen Trauungszeremonie, müssen wir regeln Frage von Mitgift.

Sie schaut sich im Raum um, holt den Plüschaffen und stellt ihn vor Beni. Beni schaut den Affen an, schaltet den Lichtschalter ein und aus und lacht.

JANINA Demark 299 bei Kaufhof. Gehört jetzt Ihnen.

Sie macht eine dementsprechende Geste. Beni lacht und klatscht in die Hände.

BENI Thank you so much.

Sie lacht, kommt ihm nahe, er steht auf. Sie hakt sich bei ihm ein. Beni wird unruhig.

JANINA Bei Ehe man muß schreiten zu Traualtar, würdevoll.

Sie lacht, zieht ihn ein wenig und geht mit ihm in Rich-
tung Bett. Beni macht sich von ihr los und geht zurück
zur Kochnische.

JANINA Wenn Herr Beni Jaja wünschen, ist Traualtar neben
Elektroherd. Gott ist überall, Bóg jest wszędzie.

BENI God?

JANINA Gott.

Sie zeigt nach oben, senkt ihren Blick und bekreuzigt
sich. Beni zeigt ebenfalls nach oben und lacht.

BENI God.

Er beginnt eine Melodie zu summen und bewegt sich im
Rhythmus der Melodie. Er wird immer ausgelassener.
Janina schaut ihm erstaunt zu. Beni singt ein Spiritual
mit großer Fröhlichkeit.

BENI Glory, glory, hallelujah
When I lay my burden down
Glory, glory, hallelujah
When I lay my burden down.

It was poor little Jesus, yes yes
Wupt him up a mountain, yes yes
Hung him from a tree, yes yes
Wasn't that a pity and a shame?
Great God, wasn't that a pity and a shame?
Beni lacht, läuft zum Küchentisch und trommelt mit
dem Besteck auf die Tischplatte. Janina schüttelt den
Kopf und lacht.

JANINA Wenn Sie sich so aufführen in polnische Kirche,
Priester tät' Ihnen auferlegen schwere Buße.
Beni läuft zu ihr, klatscht einen Rhythmus mit den Hän-
den.

BENI *singt* Oh Lord! Oh Lord! *Er reißt die Arme hoch*
Hallelujha! Hallelujah! *Er bedeutet ihr, daß sie mitma-*
chen soll Go on! Go on! *Er klatscht den Rhythmus und*
singt Oh Lord! Oh Lord! *Er reißt seine Arme in die*
Höhe Hallelujah! Hallelujah!

JANINA *macht es zögerlich nach* Hallelujah. Hallelujah.

BENI *klatscht und singt* Oh Lord! Oh Lord!

Beide reißen ihre Arme in die Höhe.

BENI und JANINA *gleichzeitig und sehr laut* Hallelujah!
Hallelujah!

*Sie singen, klatschen und jubeln so lange miteinander,
bis Janina völlig außer Atem ist.*

JANINA *lachend und keuchend* Jesusmaria, hoffentlich tut
Gott mir verzeihen diese Verrücktheit, in seiner unend-
lichen Güte.

*Beni lacht. Sie schauen einander an, sie atmet schwer.
Stille.*

JANINA In Neunzehnhundertachtundsechzig, in Dom Kul-
tury, Kulturhaus, war auch verrückt. In Samstag war
Dancing, man hat gespielt »Do zakochania jeden krok«.
(12)

*Sie summt die Melodie des alten polnischen Schlagers.
Plötzlich bekommt ihr Gesicht wieder diesen traurigen
Ausdruck.*

JANINA In Anfang alles war Handkuß, aber mit Wein von
Ribisel und mit Wodka von Kartoffel ist so häßlich geworden in Ende. *Sie schüttelt den Kopf* Motylek! Motylek! Männer sind geworden sehr unappetitlich, haben
hineingegriffen in Motylek.

*Sie schüttelt den Kopf. Ein Kuckuck kommt aus einer
der drei Kuckucksuhren.*

DER KUCKUCK Kuckuck!

Der Kuckuck verschwindet wieder.

JANINA Muß ich Entschuldigung vorbringen für Auftritt
von Kuckuck in diese Moment. Geht nach Präzision,
nicht nach Gefühl, wie alles in Deutschland. Jetzt hab
ich verloren roten Faden ...

Sie denkt nach.

BENI God?

JANINA Danke schön. Bin ich gegangen in Kirche, hab ich

ganze Geschichte gebeichtet Priester, Pater Franciszek Dzikowski, hat er mir gegeben Tröstung, erst mit Beispiele von Bibel, dann mit Eierlikör, hat er mich gebracht zu körperliche Liebe, hat er mir geschenkt Nylonstrümpfe und deutsche Kalender von lang gewesene Jahr, hat er gesagt, Leute in Miłosna nix dürfen erfahren, hab ich gesagt, und was ist mit Gott? Gott weiß und sieht alles. Der wird hinwegschauen in seiner grenzenlosen Güte, hat er gesagt. No, bitte schön. Hab ich geschaut in Kalender, Oktoberfest, Schwarzwald, Rhein, Hamburger Hafen, hab ich mich geträumt in deutsche Paradies.

Sie schaut ihn an. Er schaut sie an. Schweigen.

JANINA Was fehlt in Paradies ist Liebe.

Sie hält ihm ihre behandschuhte Hand zum Handkuß hin. Beni schaut ihre Hand an und beginnt, den gestrickten Handschuh herunterzurollen. Sie wehrt sich.

JANINA Heilige Jungfrau, bitte nicht. Darunter Schrecklichkeit, so große Schrecklichkeit.

Beni läßt sich nicht beirren und rollt ihren Handschuh weiter auf.

JANINA *mit großer Angst* In Wrocław, hab ich gestellt Ausreiseantrag, war ich gesteckt in Hanffabrik, in nasse Schicht. Hanf in Lauge. Hände in Lauge. Keine Handschuhe. Keine Handschuhe für Motylek. Gott im Himmel! Gott im Himmel!

Beni hat ihr beide Handschuhe abgenommen. Janinas Hände und Unterarme sind dunkelrot, mit Narben übersät. Sie hält ihre Unterarme hoch und wimmert. Beni streift seine Hemdsärmel hoch, er hebt die Unterarme und hält seine schwarzen Hände gegen ihre roten. Die beiden verbleiben in dieser Stellung und schauen einander an. Stille, lange Stille. Plötzlich fällt ihm Janina um den Hals und küßt ihm wild das Gesicht ab. Beni reißt sich von ihr los und wirft sie zu Boden. Sie kauert am Bo-

den und schluchzt in sich hinein. Schweigen. Beni schaut
sie an, geht zu ihr hin und will ihr hochhelfen. Janina
wehrt ihn ab.

JANINA Keine Bemühung. Das war gerechte Strafe für uner-
laubte Anwandlung.

Sie steht mühsam auf, geht zum Tisch, setzt sich auf ei-
nen Stuhl, zieht ein Taschentuch aus ihrem Kleid und
schneuzt sich. Beni beobachtet sie. Sie schaut ihn nicht
an. Er geht zu ihr hin.

BENI *eindringlich* Listen, Lady!

Sie schaut ihn nicht an. Schweigen. Beni nimmt die bei-
den Stühle, legt sie auf den Boden, mit den Stuhlbeinen
zueinander. Er setzt sich zwischen die Stuhlbeine, es
sieht aus, als wäre er in einem Käfig, einem Gefängnis.
Er greift mit seinen Händen auf die Sitzflächen der Stüh-
le und drückt sie an seinen Körper. Das »Gefängnis«
wirkt noch enger.

BENI *aufgeregt zu Janina* Listen, Lady. I was born in Bakana. As a child I was carried on the back of my mother.
My father was a fisherman. We could catch the fish with
our hands, so many fish ...(13a)

Janina dreht ihren Kopf in seine Richtung und sieht, wie
er zwischen den Stuhlbeinen eingeklemmt ist. Sie steht
auf. Beni wird immer aufgeregter, er schiebt die Stühle
noch enger zusammen.

BENI The petroleum company has poisoned the river. All
the fish died and also the soul of my father. He exploded
the pipeline. He hid in the woods. The police, the armed
forces could not find him. (13 b)

Janina geht zu ihm hin und beobachtet ihn mit zuneh-
mendem Erschrecken.

BENI I was in the High School in Okirika, a Baptist School.
They fetched me from the school, took me to the prison
of Port Harcourt. They asked me again and again and
again, where is your father, where has your father hid-
den? I said nothing. (13 c)

Er drückt die Stühle noch fester an seinen Körper. Er wird immer aufgeregter.

BENI They put me into a little, narrow cell with six people. No window, no bed, no table, no chair, no toilet. We let our water into a bottle, gave it to the attendant for emptying. We had to pay for this. (13 d)

Ein Kuckuck fährt aus einer anderen Kuckucksuhr heraus und schreit.

KUCKUCK Kuckuck!

JANINA *schreit zurück* Stul pysk! (14)

Der Kuckuck verschwindet. Beni drückt die Stühle mit Gewalt an seinen Körper und beginnt zu zittern.

BENI They took even more prisoners in the cell. We couldn't sleep at the ground any more, only squat, one next to the other. They fetched me from the cell to the interrogation. *Er schreit* Where is your father? Where is your father? (13 e)

Janina hält sich die Hände vors Gesicht.

BENI They shoved more prisoners in the cell. We couldn't sit any more, only stand, one leaned against the other. Where is your father? Where is your father? Still more prisoners came into the cell. They stuffed them in. We stood back to back, face to face. We let our water on the ground. We put our arms on the shoulders of the next, like lovers. But we did not love each other. The skin, the breath of the other filled us with disgust. We said in a quiet voice »brother in sorrow, brother in sorrow«. We could have chewed him, killed him, crunched him for a little more space. *Er schreit* No one shall come too close to me any more! Where is your father? Where is your father? (13 f)

Benis Kopf sinkt nach vorn. Stille

BENI *leise* Where is my father? (13 g)

Langes Schweigen.

JANINA *tiefbewegt* Habe ich englische Geschichte nicht

verstanden, wegen polnische Schulsystem, ist mir aber gegangen tief in Herz.

Sie befreit ihn von den Stühlen, hilft ihm auf und bringt ihn zum Bett. Er läßt sich ins Bett fallen und starrt vor sich hin. Sie legt sich vorsichtig neben ihn. Zwischen den beiden sitzt die große Puppe mit der blonden Perücke. Schweigen. Beni dreht seinen Kopf zu Janina und schaut sie an. Sie lächelt ihn an. Er nimmt die kleine Okarina aus seiner Hosentasche und spielt die Melodie, die er im Abschiebegewahrsam gespielt hat. Sie hört zu und lächelt. Er setzt die Okarina ab.

JANINA Nivea?

Beni lächelt. Janina zieht eine große Niveadose unter ihrem Kissen hervor, öffnet sie und schmiert Benis Gesicht mit Unmengen von Nivea ein. Beni läßt es geschehen. Schweigen. Es läutet an Janinas Wohnungstür. Beni wird unruhig. Es läutet wieder, ein paar Mal.

JANINA Wird sein polnische Nachbarin, Frau Stasia Łomińska, wegen ausgegangene Knoblauch. Jetzt Romantik, nix Knoblauch.

Stille. Es hat aufgehört zu läuten. Die beiden liegen nebeneinander, zwischen ihnen die Puppe mit der großen, blonden Perücke. Benis Gesicht ist voller Nivea.

JANINA *lächelnd* Jetzt wir sind echte deutsche Familie. Niemand mehr kann sagen, weg, wird's bald, Tempo, Beeilung.

Eine Axt fährt mit großem Krach durch die Wohnungstür. Die beiden starren zur Tür, in der die Axt steckt. Die Wohnungstür wird aufgebrochen und zersplittert. Ein mobiles Einsatzkommando der Polizei, bestehend aus vier Männern in Uniform, stürmt in den Raum. Die Polizisten richten ihre Waffen auf die beiden. Beni und Janina sitzen erstarrt im Bett. Der Polizeipräsident von Berlin, diesmal in Anzug und Krawatte, kommt in den Raum und bleibt vor dem Bett stehen.

DER POLIZEIPRÄSIDENT *zu Beni* Ich verhafte Sie wegen versuchten Totschlags.

Er sieht Benis niveaverschmiertes Gesicht.

DER POLIZEIPRÄSIDENT *etwas unsicher* Sie sind es doch?

BENI *erwacht aus seiner Erstarrung und schreit* Ich liebe dieses Land!

DER POLIZEIPRÄSIDENT Er ist es.

Die Polizisten stürzen sich auf Beni. Beni schreit wie ein Verrückter und schlägt um sich. Die Polizisten halten ihn fest.

BENI *schreit* Ich liebe dieses Land! Ich liebe dieses Land! Ich liebe dieses Land! Ich liebe dieses Land! Ich liebe die …

Die Polizisten verkleben ihm den Mund mit einem Klebeband. Sie führen ihn ab. Der Polizeipräsident folgt ihnen. Alles geht sehr schnell. Janina sitzt aufrecht im Bett und starrt auf die eingeschlagene Tür. Sie greift langsam zur Okarina, führt sie an ihren Mund und bläst wie wild hinein. Es klingt, als wären es Schreie. Ende des zweiten Aktes.

3. Akt

Eine Zelle im Strafvollzugsgefängnis, ein mittelgroßer
Raum: an den kahlen Wänden hängen drei hochgeklappte
Eisenbetten, ansonsten zwei Bänke, eine Nische mit WC,
sonst nichts. Am oberen Ende einer Zellenwand, knapp
unter dem Plafond, befindet sich ein kleines Fenster zum
Innenhof des Gefängnisses. Es ist offen. Die eiserne Zellen-
tür ist verschlossen, sie hat eine Luke. Auf einer der beiden
Bänke sitzen Beni Jaja und ein sehr kleiner Mann mit
schwarzgefärbten Haaren, er wirkt alterslos, seine Beine
reichen nicht bis zum Boden. Auf der anderen Bank sitzt
ein ungefähr fünfundvierzigjähriger Mann mit kurzen wei-
ßen Haaren, einer Goldrandbrille und einem Dreitages-
bart. Beni und der kleine Mann haben Anstaltskleidung an,
der dritte Mann nicht. Beni und der Mann mit der Gold-
randbrille starren vor sich hin. Der kleine Mann schaut von
einem zum anderen. Schweigen.

DER KLEINE MANN *mit leicht ungarischem Akzent* Meine
  Herren, wenn wir uns nicht ein wenig unterhalten, werden die nächsten zwanzig Jahre noch länger werden.
  Die beiden anderen reagieren nicht.
DER KLEINE MANN Ich weiß sehr wohl, welche Unterhal-
  tung man mit kleingewachsenen Menschen wie mir in
  Verbindung bringt, und ich bin gerne bereit, Ihnen diese
  zu bieten, obwohl ich etwas aus der Übung bin, nicht
  wahr?
  Der kleine Mann springt von der Bank und macht arti-
  stische Nummern vor. Manchmal gelingt es ihm, manch-
  mal mißlingt es ihm. Er wiederholt die mißlungenen
  Nummern. Er verbeugt sich, weder der Mann mit der
  Goldrandbrille noch Beni reagieren auf ihn.
DER KLEINE MANN Nun sind Sie dran, meine Herren.

*Die beiden reagieren nicht. Durch das offene Fenster
zum Innenhof hört man, aus weiter Entfernung, Töne
aus einer Okarina, ohne jede Melodie. Sie klingen wie
entfernte Schreie. Beni lauscht, springt auf, stößt den
kleinen Mann von der Bank, schiebt in aller Eile die
Bank unters Zellenfenster, steigt auf die Bank und versucht, das Fenster zu erreichen. Es gelingt ihm nicht.*

DER KLEINE MANN Darf ich Ihnen meine Hilfe antragen?
*Der kleine Mann will an Beni hochklettern, Beni stößt
ihn von sich. Beni lauscht. Die Töne aus der Okarina
verstummen wieder. Stille. Beni steigt von der Bank,
setzt sich nieder und starrt vor sich hin. Der Mann mit
der Goldrandbrille hat nicht die geringste Notiz vom
ganzen Vorgang genommen. Schweigen. Der kleine
Mann schaut abwechselnd zu Beni und zum Mann mit
der Goldrandbrille.*

DER KLEINE MANN Es dreht sich doch alles um die Liebe,
nicht wahr? Die Liebe ist unser Glück und unser Un-
glück. Nehmen Sie mein Schicksal. Ich begann eine Kor-
respondenz mit einer Frau aus Linz an der Donau, auf-
grund eines Inserates. Von Brief zu Brief wurden meine
Worte eindringlicher, begehrlicher. Ich schrieb ihr die
Wahrheit, daß ich ein kleiner Mann sei, nicht einmal einen Meter fünfzig groß. Sie schrieb mir mit einfühlsa-
men Worten zurück, daß dies für sie kein Problem sei,
daß alles in Ordnung sei. Sie können sich meine Freude
vorstellen, nicht wahr? Wir vereinbarten ein Treffen am
Münchner Hauptbahnhof, Bahnsteig 29, sie sollte mit
dem »Wiener Walzer« aus Linz kommen, ich aus Ulm.
Ich sollte die übliche rote Rose in der Hand halten. Ich
stand mit der Rose am Bahnsteig 29, der »Wiener Walzer« fuhr ein, mein Herz schlug zum Zerbersten, die
Menschen stiegen aus, aus der Menge löste sich eine
Frau, sie ging lächelnd auf mich zu, und mein eben noch
wild klopfendes Herz schien in der Sekunde stillzuste-

hen, Die Frau war sehr klein, maximal zwei oder drei Zentimeter größer als ich. Eine entsetzliche Enttäuschung, ein Betrug, eine Katastrophe, nicht wahr?
Er wartet auf die Reaktion der beiden anderen, es kommt keine.

DER KLEINE MANN Ich lief davon, sprang in den nächstbesten Zug, sperrte mich ins WC ein, hörte, wie der Zug losfuhr, in irgendeine Richtung, und verließ das WC nach etwa einer Stunde. Mein Herz, welches vor kurzer Zeit noch ein pochendes, dann ein stillstehendes war, war nun ein gebrochenes. Ich hatte mir nichts sehnlicher gewünscht als eine Frau, zu der ich aufschauen kann, nicht wahr?
Er schaut Beni und den Mann mit der Goldrandbrille an. Beni schaut zum Zellenfenster. Der Mann mit der Goldrandbrille starrt vor sich hin.

DER KLEINE MANN Die Welt betrügt mich, und ich betrüge die Welt. Ich kann mit einiger Berechtigung von mir sagen, daß es keinen Betrug gibt, den ich nicht versucht habe. Darf ich Sie beide auf ein Hütchenspiel einladen?
Er wendet sich an Beni, Beni reagiert nicht. Der kleine Mann geht zum Mann mit der Goldrandbrille.

DER KLEINE MANN Sie?
Der Mann mit der Goldrandbrille reagiert nicht, er starrt vor sich hin. Der kleine Mann betrachtet ihn aufmerksam.

DER KLEINE MANN Ist es möglich, mein Herr, daß ich Ihr Antlitz aus den Gazetten kenne? Diese aufsehenerregende Bankgeschichte? Ein Vorstandsmitglied betrügt seine eigene Bank. Wie hoch war die Summe? Hundert Millionen? Zweihundert Millionen?
Der Mann mit der Goldrandbrille reagiert nicht, er starrt nur vor sich hin.

DER KLEINE MANN Bankbetrügereien, muß ich aufrichtig gestehen, sind mir leider nicht gegeben. Ich versuchte, ei-

nen Geldautomaten zu knacken, hatte alle technischen
Vorbereitungen dafür getroffen, aber die Höhe des Automaten erlaubte es mir leider nicht, ihn ohne Zu-
hilfenahme eines Stuhles zu erreichen. Sie können sich
denken, daß ein Zwerg auf einem Stuhl, der einen Geldautomaten zu knacken versucht, von vornherein zum
Scheitern verurteilt ist, nicht wahr?

*Schweigen. Der kleine Mann geht wieder zurück zur
Bank, hüpft auf diese und rückt Beni etwas näher. Beni
rückt ein Stück von ihm weg.*

DER KLEINE MANN Und Sie, mein Herr, der Sie aus einem
anderen Teil der Erde zu uns gestoßen sind, was ist Ihr
Schicksal? Haben Sie uns nichts zu erzählen?

*Plötzlich springt der Mann mit der Goldrandbrille auf
und schreit.*

DER MANN MIT DER GOLDRANDBRILLE Ich halte das nicht
mehr aus! Ich halte das nicht mehr aus!

*Der Mann mit der Goldrandbrille läuft zur Zellentür
und trommelt mit seinen Fäusten gegen diese. Die Luke
in der Gefängnistür öffnet sich. Das Gesicht eines Justiz-
wachtmeisters erscheint in der Luke.*

DER JUSTIZWACHTMEISTER Beruhigung kostet 10 Mark.
Tiefschlaf 20. Happypills 100.

DER MANN MIT DER GOLDRANDBRILLE *schreit* Ich habe
schon alles bezahlt! Alles bezahlt! Alles bezahlt! Der
Vorstand der Deutschen Bank hat alles genommen! Ich
habe die deutsche Regierung bezahlt! Hat bei mir gesof-
fen! In meiner Chartermaschine! Alles zerronnen! Alles
zerronnen! Alles zerronnen! Der ganze Kopf zerronnen!
Von oben nach unten! Auf den Teppich! Die Bankaufsicht! Die Bankaufsicht hat gekotzt! Den ganzen Dreck!
Auf den Teppich! Ehrenwort! Ehrenwort! Sag dem Minister, er soll sich meine Parteispende unter die Vorhaut
schieben! Die Vorhaut! Eichel! Eichel! Die Haut! Die
Haut! Lampenschirme! Vergasen! Alle vergasen! Mein
lieber Fritz! Nicht die Kinder! Nicht die Kinder ...

Er läuft zurück zu seiner Bank, setzt sich, nimmt seine Goldrandbrille ab und beginnt zu schluchzen. Der kleine Mann springt von seiner Bank, geht zu ihm hin und streckt die Hand aus, nach Geld. Der schluchzende Mann setzt die Brille wieder auf, schaut den kleinen Mann und dessen ausgestreckte Hand an. Er stülpt seine Hosentaschen nach außen, sie sind leer. Der kleine Mann geht zur offenen Luke, nimmt einen Geldschein aus seiner Tasche und legt ihn auf die Lukenklappe. Der Justizwachtmeister nimmt das Geld, wirft eine Pille in die Zelle und verschließt die Luke. Der Mann mit der Goldrandbrille stürzt sich auf die Pille und verschluckt sie. Er setzt sich wieder auf seine Bank und starrt vor sich hin. Durch das offene Fenster zum Innenhof hört man, aus einiger Entfernung, die Rufe: »Beni, Beni!« *Beni springt auf, schiebt in aller Eile die Bank unters Zellenfenster, steigt auf, die Bank und versucht wieder, das Fenster zu erreichen. Trotz größter Anstrengung gelingt es ihm nicht. Die Rufe kommen näher. Der kleine Mann steigt auf Benis Bank und klettert auf artistische Art und Weise an Beni hoch. Beni will ihn abwehren.*

DER KLEINE MANN Sträuben Sie sich nicht. Ich wollte schon immer über mich hinauswachsen.

Die Rufe werden leiser und verstummen. Der kleine Mann steht auf Benis Schultern und schaut durch das Fenster.

BENI *voller Aufregung* Janina? Janina?

DER KLEINE MANN Tut mir leid, daß ich Sie enttäuschen muß. Da ist niemand. Ich hätte Ihnen gerne eine Janina beschrieben, aber ich sehe keine.

Der kleine Mann klettert von Benis Schultern. Beni steigt von der Bank, setzt sich und hält sich die Hände vors Gesicht. Der kleine Mann setzt sich neben ihn und beobachtet ihn. Der Mann mit der Goldrandbrille schläft und schnarcht. Beni läßt die Hände sinken und starrt vor sich hin. Langes Schweigen.

DER KLEINE MANN Bitte sprechen Sie mit mir, ich kann das Schweigen nicht ertragen.

Schweigen.

DER KLEINE MANN Bitte.

Beni dreht sich ein wenig zu ihm hin und schaut ihn an.

DER KLEINE MANN *beinahe flehentlich* Nur einen Satz.

BENI *leer* Ich liebe dieses Land.

DER KLEINE MANN *lacht kurz auf* Diese Liebe müssen Sie mir erklären.

BENI English?

DER KLEINE MANN Englisch, Französisch, Italienisch, Spanisch, Ungarisch, selbst mit Gypsies unterhalte ich mich fließend, nicht wahr? Speak on.

BENI *leise* I spent two years in a prison, I didn't say a single word. (15)

DER KLEINE MANN I spent six years in different prisons, I talk all the time. Forgive the interruption. Speak on. (16)

BENI After my release I worked in Port Harcourt, as a cargoporter. I wanted to get away from Nigeria, far away. (17)

Schweigen.

DER KLEINE MANN Please, speak on.

BENI *nach einer Pause* I got to know a German sailor, a kind man. He advised me to go to Germany, Germany is a wonderful country. I wouldn't understand the language of this country, I answered. Oh, he answered laughing, if anyone wants something from you, then simply say »I love this country. Ich liebe dieses Land« and they will also love you. He had been away from Germany twenty years. (18)

Beni schweigt

DER KLEINE MANN Your love was not returned? (19)

Beni schweigt. Der Mann mit der Goldrandbrille schnarcht. Durch das offene Zellenfenster hört man einzelne Worte. Beni springt auf und steigt auf die Bank.

DER KLEINE MANN Wir wiederholen die Fensternummer.

Er klettert mit großer Geschwindigkeit an Beni hoch, steigt auf dessen Schultern und schaut durch das Fenster. Man hört einzelne Worte aus dem Innenhof, aber man kann ihren Sinn nicht verstehen.

DER KLEINE MANN Da ist eine Frau im Innenhof. Keine er-fundene, eine wirkliche. Sie ruft einen Satz, aber er ergibt keinen Sinn ...

BENI *voller Aufregung* Janina! Janina!

Der kleine Mann beugt sich, so weit er kann, aus dem Fenster. Er lauscht. Er zieht seinen Kopf wieder zurück.

DER KLEINE MANN Ein merkwürdiger Satz.

Er schaut, auf Benis Schultern stehend, zu ihm hinunter und wiederholt, Wort für Wort, den Satz.

DER KLEINE MANN Meister Proper ist jetzt bei Aldi dreißig Pfennig weniger.

BENI *fröhlich* Ich liebe dieses Land.

Ende des Stückes.

Übersetzungen
(sofern sie nicht aus dem gesprochenen Text hervorgehen)

1. Akt

(1)   Landwirtschaftliche Genossenschaft
(2)   Bist du ein Mensch? Was bist du für ein Mensch? Du bist
       ein schlechter Mensch.
(3)   Kein Meister ist vom Himmel gefallen.
(4)   Es tut mir leid, ich kann Sie nicht verstehen.
(5)   Grundschule
(6)   Berufsschule
(7)   Provinzstadt im Südosten Nigerias
(8)   Gott soll dich strafen!
(9)   Mutter Gottes!
(10)   Schlaf Beni, schlaf süß.
       Dein Haus soll meiden
       Böse Träume von zerschlagenen Puppen
       Und Hampelmännern ohne Arme und Beine.
       Vor deinen Fenstern und Türen
       Hält Wache die dunkle Nacht.
       Schlaf Beni, schlaf süß.

2. Akt

(11)   Gott erbarme sich seiner Seele.
(12)   Zum Verlieben nur ein Schritt.
(13 a-g) Hören Sie zu, Lady. Ich wurde in Bakana geboren. Als
          Kind war ich auf dem Rücken meiner Mutter. Mein Vater
          war ein Fischer. Wir konnten die Fische mit unseren Hän-
          den fangen, so viele Fische. Die Ölgesellschaft hat den
          Fluß vergiftet. Die Fische starben, und die Seele meines
          Vaters starb auch. Er sprengte die Pipeline in die Luft. Er
          versteckte sich im Wald. Die Polizei, das Militär fanden
          ihn nicht. Ich war in der High School in Okirika, einer

baptistischen Schule. Sie holten mich aus der Schule, brachten mich ins Gefängnis nach Port Harcourt. Sie fragten mich immer wieder, wo ist dein Vater, wo hat sich dein Vater versteckt? Ich sagte nichts. Sie steckten mich in eine kleine, enge Zelle mit sechs Leuten. Kein Fenster, kein Bett, kein Tisch, kein Stuhl, kein Klosett. Wir ließen unser Wasser in eine Flasche, gaben sie dem Wärter zum Ausleeren. Wir mußten dafür bezahlen. Sie brachten noch mehr Gefangene in die kleine Zelle. Wir konnten nicht mehr auf dem Boden schlafen, nur hocken, einer neben dem anderen. Sie holten mich aus der Zelle zum Verhör. Wo ist dein Vater? Wo ist dein Vater? Sie schoben immer mehr Gefangene in die Zelle. Wir konnten nicht mehr sitzen, nur noch stehen, einer an den anderen gelehnt. Wo ist dein Vater? Wo ist dein Vater? Noch mehr Gefangene kamen in die Zelle. Sie stopften sie hinein. Wir standen Rücken an Rücken, Gesicht an Gesicht. Wir ließen unser Wasser auf den Boden. Wir legten die Arme auf die Schultern des anderen, wie Liebende. Aber wir liebten uns nicht. Wir ekelten uns vor der Haut, vor dem Atem des anderen. Wir sagten mit leiser Stimme, Bruder im Leid, Bruder im Leid. Wir hätten ihn am liebsten getötet, zerbissen, zermalmt für ein wenig mehr Platz. Niemand soll mir mehr zu nahe kommen. Wo ist dein Vater? Wo ist dein Vater? Wo ist mein Vater?

(14)   Halt's Maul!

3. Akt

(15)   Ich verbrachte zwei Jahre in einem Gefängnis, ich sagte kein Wort.

(16)   Ich verbrachte sechs Jahre in verschiedenen Gefängnissen. Ich rede immer. Verzeihen Sie die Unterbrechung. Sprechen Sie weiter.

(17)   Nach meiner Entlassung arbeitete ich im Hafen von Port Harcourt, als Lastenträger. Ich wollte weg aus Nigeria, weit weg.

(18)   Ich lernte einen deutschen Matrosen kennen, ein freund-
        licher Mann. Er riet mir, nach Deutschland zu gehen,
        Deutschland sei ein wunderbares Land. Ich würde die
        Sprache dieses Landes nicht verstehen, antwortete ich.
        Oh, antwortete er lachend, wenn einer etwas von dir will,
        dann sag einfach, ich liebe dieses Land, ich liebe dieses
        Land, und sie werden dich auch lieben. Er war zwanzig
        Jahre von Deutschland weg.

(19)   Ihre Liebe wurde nicht erwidert?

Texte und Bilder
zu
»Ich liebe dieses Land«

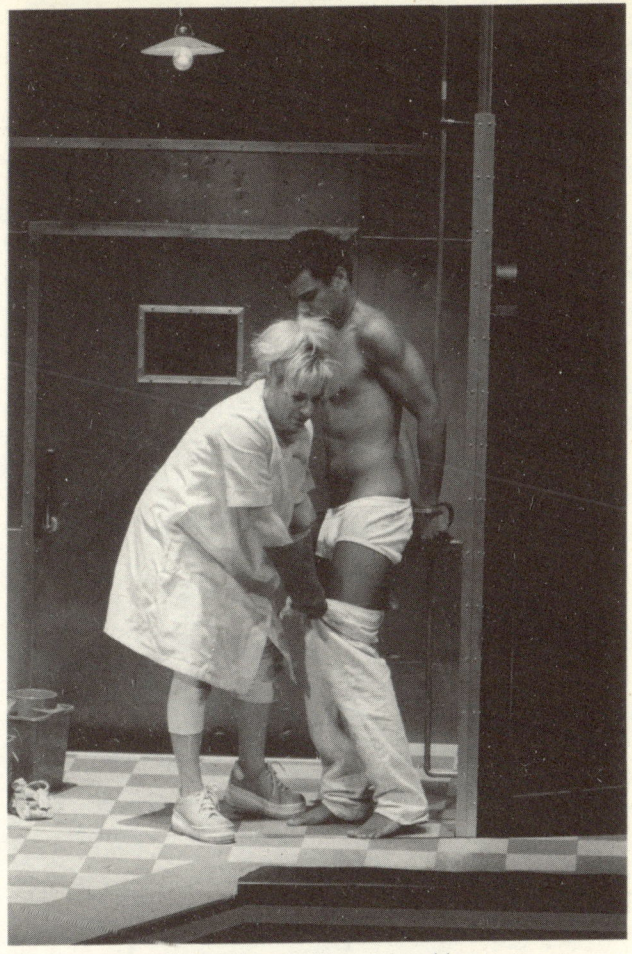

Uraufführung am Berliner Ensemble, 2001
Maria Happel, Ernest Hausmann

Lieber Claus Peymann!
Ich weiß, daß Sie jetzt nicht mehr am Burgtheater sind und kei-
ne üppigen Honorare mehr zahlen können. Für mein neues
Stück »Ich liebe dieses Land« fange ich also mit einer sehr
niedrigen Honorarforderung an: Eine Flasche Whiskey ... pro
Woche.   (Aus einem Brief, 1998)

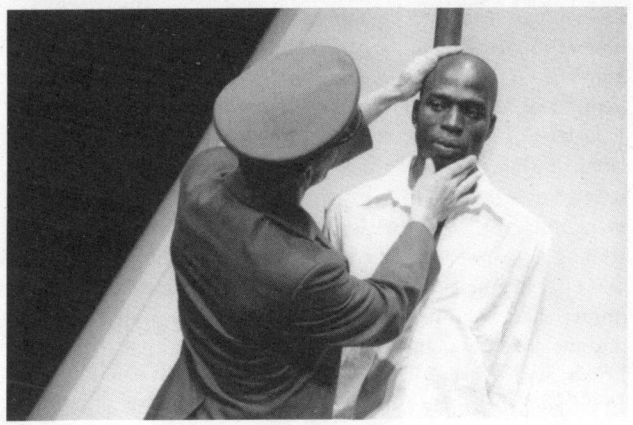

Staatstheater Kassel, 2002
Jens-Uwe Bogadtke, Michael Ojake

*Herr Turrini, in Ihrem neuen Stück kommen die Deutschen
nicht gut weg.*
Seit 1945 wollen die Deutschen am liebsten andere sein und
bleiben doch typisch deutsch. Dazu gehört auch ihre Einstellung zu den Ausländern in Deutschland, sie reflektieren über
deren Situation, aber sie sind unfähig, ihnen wirklich beizuste-
hen. Die Deutschen können alles ganz genau erklären, gleichzeitig habe ich selten gefühlskältere Menschen erlebt. Ich glaube, die Deutschen müssen sich über die Sprache erfinden, weil
sie sich nur so ihrer Existenz vergewissern können.
Woher kommt das?
Die Deutschen glauben nur an eines, an das hieb- und stichfe-
ste Argument. Beobachten Sie doch einmal die deutschen Talkshows, vorwiegend die politischen: Die Irritation, das Schweigen, das Fühlen, das Mitfühlen gelten nichts, hier wird alles an
den Formulierungen gemessen. Hier wird mit Worten geschos-
sen. Wer schneller schießt, hat gewonnen.

(Aus einem Interview, 2001)

Die Helden Ihres Stücks sind eine polnische Putzfrau und ein
nigerianischer Zuwanderer in Abschiebehaft. Sie sind unter
lauter Deutschen die einzigen, die eine echte Liebe hegen zu
dem Land, in dem sie sich aufhalten. Warum sehnen sich die
Deutschen Ihrer Meinung nach alle weg aus Deutschland?

Über die Jahre habe ich den Eindruck gewonnen, daß Deutsche grundsätzlich ein gebrochenes Verhältnis zu ihrem eigenen Land haben. Sie leben in Deutschland, aber sie denken sich
ständig aus diesem Land fort – entweder in den sonnigen Süden oder in eine andere Form von Existenz. Darüber kann ich
immer wieder staunen: Wie ein ganzes Volk typisch deutsch ist
und gleichzeitig nicht typisch deutsch sein will, also ununterbrochen auf Abstand zu sich selbst geht.

Ihr Verhältnis zu Deutschland ist ein staunendes?

Das ist das richtige Wort, bis heute. Ich habe auch literarisch
oft das Gefühl, daß die österreichische Literatur der marokka-
nischen – die ich nicht kenne – weitaus näher ist als der deutschen Literatur. Uns trennt, um es mit Karl Kraus zu sagen, die
gemeinsame Sprache. Die Deutschen schreien hinaus, was sie
denken. Die Österreicher denken sich was und singen. Deshalb
haben Sie Tribunale und wir den Heurigen.

Ist die Errichtung von Tribunalen den Österreichern denn völ-
lig fremd?

Auch da sind wir Österreicher den Marokkanern wahrschein-
lich näher als den Deutschen: Wir versuchen, alle Fehler und
jeden Schmutz zu verstecken. Die Deutschen haben diese irrsinnige Weißwaschsucht: Ihr bringt alles gnadenlos ans Tages-
licht und findet für jede Generation ein Motiv, sie frisch zu ver-
urteilen.

Und woran liegt das?

Es ist, als wäre dieser ganze Lebensfrust, den dieses Land her-
vorbringt, die Berufsängste, die die Leute haben – die übrigens
stärker sind als in Österreich, weil die Sozialnetze in Österreich noch eine Spur dichter sind als bei euch –, als wäre das
alles in Jagdlust und Vernichtungswut umgeschlagen. Die
Deutschen leben auf einem schwankenden Boden, und sie ka-

nalisieren ihre Verzweiflung, ihre Angst, indem sie sich ein
Rohr vor den Mund halten, hineinschreien und jeden verdäch-
tigen und niedermachen. Am stärksten spüre ich das bei meinen Aufenthalten in Berlin.

*Dabei ist doch gerade Berlin der Ort, an dem die neue deutsche
Lebenslust zelebriert wird – die Loveparade liefert sogar den
Hintergrundsound Ihres Stücks.*

Für mich ist die neue deutsche Lebenslust die unmittelbare
Kehrseite der neuen deutschen Lebensangst. Die Loveparade
kommt mir vor wie eine Ansammlung von Menschen, die vol-
ler Lebensangst sind und noch einmal hinausschreien, wie le-
bensfröhlich sie sind, sonst müßten sie nicht so laut schreien.
Jede deutsche Talkshow, auch die Zwangsfröhlichkeit eines
Stefan Raab, wirkt auf mich, als würden die Deutschen in den
Abgrund fallen und dabei einen Lachanfall bekommen.

Ist Österreich weniger von Angst beherrscht?

Österreich ist ein Land der vollständigen Theatralisierung. Die
berühmteste österreichische Melodie heißt doch »Doch wie's
da drinnen aussieht, geht niemand was an«. Alles ist Spiel,
Theater, Maskerade. In diesem andauernden Unernst verdorren und verkommen wir im Inneren, auf eine stille psychopa-
thische Weise.   (Aus einem Interview, 2001)

Stadttheater Klagenfurt, 2002
Jürgen Holtz, Ernest Hausmann

*Österreich ist anders: Political correctness und Schuldkomple-
xe halten sich in Grenzen. Wäre »Ich liebe dieses Land« in
Österreich überhaupt spielbar?*
Dieser Versuch der polnischen Putzfrau, ein Land zu lieben,
das ihr keineswegs mit Liebe entgegenkommt, wäre natürlich
auch auf unser Land übertragbar. Fremde werden *gebraucht,*
meistens um den Dreck einer Gesellschaft wegzuräumen, sie
werden aber letzten Endes nicht *gewollt.* Insofern ist diese Parabel natürlich transportierbar.
*Österreicher grenzen ja bekanntlich doppelt aus: die Fremden
und das Fremde in sich.*
Das ist der tragikomische Aspekt der österreichischen Frem-
denabwehr – man grenzt immer auch einen Teil von sich selbst
aus. Ein Düsseldorfer, der einen Türken haßt, ist zwar ein
Dummkopf und ein grauslicher Mensch, aber es haßt in diesem Fall ein Deutscher einen Fremden. Ein Österreicher, der
einen Tschechen oder Ungarn haßt, weist damit immer einen

Teil von sich selbst ab. Ich selbst habe als Kind und Jugend-
licher in Kärnten immer wieder erlebt, daß der Slowenenhaß
oft von Kärntnern kam, die gerade mühsam Deutsch gelernt
hatten und denen das Slowenische noch im Hals steckte. Die
Besonderheit, daß wir es so schwer ertragen, daß wir eine
»Mischkulanz« darstellen, macht diesen österreichischen
Fremdenhaß so widerlich und komisch zugleich.

*»Ich liebe dieses Land« handelt – wie viele Turrini-Stücke –
auch von Lebenslügen.*

Für Menschen wie die polnische Putzfrau Janina ist der Gedanke, daß dieses Land sie nicht liebt und will, unerträglich.
Also versucht sie, sich ihre Zugehörigkeit zu Deutschland zu
erträumen und zu »erlügen«. Sie hält sich damit aufrecht, daß
sie in der Allgemeinen Ortskrankenkasse gemeldet ist, daß
Deutschland ein wunderbares Land ist. Andernfalls wäre ja
dieser entscheidende Wechsel in ihrem Leben – von Polen nach
Deutschland gegangen zu sein – der größte Mißerfolg ihres Le-
bens gewesen. Also lügt sie ihn sich zu einem Erfolg um. Mir ist
es sympathischer, wenn sich diese kleinen Leute, die ich in meinen Stücken beschreibe, an ihre Überlebenslügen klammern,
als wenn die deutschen Intellektuellen ihre liberalen Lebens-
einsichten im Munde führen, nach denen sie sich in der Praxis
dann ohnehin nicht richten.   (Aus einem Interview, 2001)

*Bei Ihnen stehen immer ganz normale Außenseiter im Mittel-
punkt, kleine gepeinigte Leute, die sich ziemlich anstrengen
müssen, um nicht unterzugehen.*
Ich glaube, daß die an den Rand gedrängten Leben, die liegen-
gebliebenen Biographien mehr Auskunft über das Zentrum
unserer Welt geben als die hohe Politik. Mich interessieren die
Wunden und Narben der Menschen, ihre Verkrümmungen.
Daran merke ich die kranken Ideen unserer Gesellschaft am
stärksten. Aber meine Figuren schaffen es immer wieder, wenigstens für einen Moment, ihre Beschränkungen zu überwin-
den, und das – von »Rozznjogd« bis »Ich liebe dieses Land« –
meistens in einem Akt der gegenseitigen Zuneigung.

(Aus einem Interview, 2001)

Was ist für Sie Heimat?
Heimat ist die Nähe zu einem Menschen. Heimat ist der Busen
meiner Freundin, die schönste Hügellandschaft, die ich je gesehen habe. Alle anderen Heimatangebote, ob Länder oder Reli-
gionen oder politische Parteien, haben bei mir nie funktioniert.

(Aus einem Interview, 2001)

Nachwort

Mitte der achtziger Jahre fanden in Deutschland und
Österreich massive Entlassungen von Stahlarbeitern statt,
bald wurde ihre Zahl nur noch in Tausenden oder Zehn-
tausenden angegeben. Das Thema wurde in den Medien
nachhaltig debattiert, über das private und ökonomische
Los der Betroffenen aber herrschte Schweigen. Auf die Frage, was aus diesen Menschen werden solle, die aus ihrer Ar-
beitswelt herausgerissen wurden, hatten Politik und Medi-
en keine Antwort, im Gegenteil: Die Politiker verbrämten
die Entlassungen mit Vokabeln wie »Sanierung« und »Frei-
setzung«, die Journalisten entfernten den Begriff »Arbeiterklasse« aus ihrem Wortschatz. Auch die österreichische
Gewerkschaft blieb – im Unterschied zu Deutschland, wo
Arbeiter und ihre Verbände auf die Straße gingen und pro-
testierten – ruhig. Da den Arbeitern ein Sprachrohr in
Form von kämpferischen Gewerkschaftsvertretern fehlte,
waren und blieben sie sprachlos.

In den Arbeitsnotizen von Peter Turrini ist nachzulesen,
wie er, der Dramatiker, der »nichts erfinden kann, wenn er
nichts vorfindet«, versucht, sich über das Los der Betroffenen ein eigenes Bild zu machen: Er beschreibt in »Die Minderleister« das Schicksal eines Stahlarbeiters, Hans, der
nicht weg will vom Hochofen und am Ende in denselben
springt. Hans und seine Frau Anna, die Hauptfiguren des
Stücks, können ihre Entlassung nicht begreifen, Anna
flüchtet sich in ihren privaten Traum vom Glück, Hans ver-
fällt ins Schweigen.

Als Peter Turrini mit dem Schreiben des Stücks begann,
verfing er sich zunächst in seiner eigenen literarischen Me-
thode, der realistischen. Gerade weil er den Figuren ihre
Sprache, ihre soziale Bedeutung wiedergeben wollte, durfte
er ihre Ausdrucksmöglichkeiten nicht reduzieren, sie nicht

über den Dialekt wiedergeben. Mit der Einführung der Hochsprache, des Verses, war es ihm auch möglich, eine eigene Figur zu erfinden, den Werksbibliothekar William Shakespeare.

Dieser Werksbibliothekar ist der einzige Sprach- und Geschichtsmächtige im Stück, der – allerdings ohnmächtige – Kommentator des Geschehens. Er erzählt die Biographien von Arbeitern, erzählt von ihrem Weg vom Land in die Stadt, ihren Anfangsschwierigkeiten in der Fabrik, ihrer Sozialisation und der Auflösung dieser Biographien durch den Verlust der Arbeit. Auch er ist ein Gescheiterter, ein noch immer vom Krieg Gezeichneter, ein poetischer Mensch, dem die Poesie durch den Krieg und den »Wiederaufbaukrieg« ausgetrieben wurde. Er ist im Stück der »Chronist« der Hölle.

Der »Herr der Hölle« ist der älteste Stahlarbeiter Schmelzer, der seine Arbeiter als seine »Söhne« bezeichnet und den Hochofen als den Ort, an dem es so etwas wie Gemeinschaft noch gibt und der die Bedrohung von außen bannt. Die letzte Bastion von Solidarität ist im Stück der Zusammenhalt dieser Gruppe, obwohl dieser Zusammenhalt nie über die Sprache, sondern wie zum Beispiel in der Szene mit dem Jugoslawen nur über Gewalt vorgeführt wird. Die Trennlinie verläuft zwischen Arbeitern und aufgestiegenen Arbeitern, zwischen denen, die noch eine Arbeit haben, und denen, die keine mehr haben.

Die Dramaturgie des Stücks, die Handlungen der Figuren, wird bestimmt von ihrer Verzweiflung, nicht verstehen zu können, warum es das kleine Glück, das sie für sich angestrebt haben, nun nicht mehr gibt. Sie flüchten sich wie Anna in »Vorstellungen«, in Wunschträume oder wie Hans in kommerzialisierte Träume, Videos und Lottospiel. Die Flucht scheint, da die eigene Lage, die eigene Verzweiflung, die eigenen Gefühle nicht auszusprechen sind, in keinem öffentlichen Medium vorkommen, von keinem mehr vertreten werden, der einzige Ausweg. Die Grenzen zwischen Wirklichkeit, Flucht und der grotesken Ästhetik eines Porno- oder Horrorfilms werden in dem Stück immer wieder verwischt, die äußere und innere Bedrohung wird ganz kurz über die Illusion und den Kommerz gebannt. Das Stück bewegt sich zwischen der Wirklichkeit der Menschen in den Krisengebieten und der Wirklichkeit der Bühne, die anderen, frei erfundenen, dem Naturalismus widerstrebenden Gesetzen folgt. Indem Turrini seinen Figuren eine große Form, eine überhöhte Sprache gibt, erzählt er nicht nur die Situation eines entlassenen Stahlarbeiters, sondern die Tragödie eines Ausgesonderten schlechthin. Der Sprung von Hans in den Hochofen ist gleichzeitig eine Parabel auf das Verschwinden der Arbeiterklasse, sie verschwindet in der Geschichte, löst sich auf, räumt sich gleich selbst aus dem Weg.

Alle drei in diesem Band versammelten Stücke leben von dieser literarischen Überhöhung, von der theatralischen Vergrößerung der Wirklichkeit. In einem Brief an Claus Peymann schreibt Turrini: »Mein Stück ›Tod und Teufel‹ braucht die Vergrößerung, die Übertreibung, das Unmäßige. Hinter all dem Vergrößerten schaut dann eine kleine Figur hervor. Mein Vater war in seiner Jugend Statist in der Arena von Verona. Benjamino Gigli, der berühmte Tenor, wurde nach seinem Auftritt im Triumph auf den Schultern von zwei Statisten um die Arena getragen. Einmal war mein Vater einer der Träger. Er hat uns Kindern immer wieder erzählt, wie er spürte, daß Gigli in die Hose machte, denn der Triumph wollte kein Ende nehmen. Ich bin für äußerste Vergröberung und zarteste Details, immer gleichzeitig, am Theater natürlich.«

So wie in »Tod und Teufel«, wo sich zwei Ebenen mischen, eine kirchliche und eine kriminelle, gibt es auch in dem Stück »Ich liebe dieses Land« zwei Ebenen, eine mehr oder weniger realistische und eine in die Übertreibung, manchmal bis ins Groteske gehende. Die realistische Ebene schildert die beiden Hauptfiguren, die polnische Putzfrau und den schwarzen Abschiebehäftling. Ihr berührendes Spiel wird immer wieder unterbrochen von den Auftritten verschiedener – überzeichneter – Nebenfiguren wie dem Journalisten oder dem Polizeipräsidenten, die sich selbst monologisch darstellen. Sie projizieren ihre eigenen Abgründe auf »das Fremde«, für sie Bedrohliche. Mit dieser Methode legt das Stück die Wurzel und den Mechanismus vom Haß auf alles Fremde auf literarische Weise bloß.

Dennoch verfolgt Turrini nicht in erster Linie eine politische Absicht mit seinen Stücken, seine Erregung entzündet sich immer an Biographien, im Falle von »Ich liebe dieses Land« an Biographien von in Deutschland und Österreich lebenden Polinnen, die hier – obwohl sie eine gute Ausbildung haben – nur Arbeit als Putzfrauen finden.

Die Hauptfiguren in diesen drei Dramen kommen entweder nicht in die Gesellschaft hinein, wie die Putzfrau und der Asylant in »Ich liebe dieses Land« oder die Figur des arbeitslosen Rudi Hoffmann in »Tod und Teufel«; die Welt stellt sich ihnen als geschlossener Ort, als nicht zu erreichendes Ziel dar, egal, was sie dafür auf sich nehmen und wie sehr sie gegen die Mauern anrennen. Oder die Figuren fallen gerade aus der gesellschaftlichen Ordnung heraus, wie Hans und Anna in »Die Minderleister«. Nur der Pfarrer in »Tod und Teufel« begibt sich bewußt ins Abseits, um von dort einen Blick auf das Zentrum zu werfen. Er setzt sich den Menschen und ihren Verhältnissen im Abseits ganz und gar aus, eine Position, die der Dramatiker Turrini mit ihm seit Beginn seines Schreibens teilt.

Dennoch verwahrt sich Turrini zu Recht gegen das Vorurteil, er sei nur ein Chronist des Sozialen. Diese Stücke sind der verzweifelte Versuch eines Schriftstellers, aufzuzeigen, daß es für das Unheil, welches über Menschen hereinbricht, Verantwortliche gibt.   *Silke Hassler*

Uraufführungen

Die Uraufführung von »Die Minderleister« fand am 1.6.1988 im Wiener Akademietheater (als Koproduktion mit den Wiener Festwochen) statt, Regie führte Alfred Kirchner.

Eine Hörspielproduktion von RIAS Berlin/ORF Wien wurde am 25.10.1989 (auf RIAS 1) erstmals ausgestrahlt, Regie führte Robert Matejka. Die Ausstrahlung im ORF erfolgte am 7.11.1989 in Ö 1. Eine Wiederholung gab es im DLF im Dezember 1989.

Caroline Link verfilmte 1988 an der HFF unter dem Titel »Hans und Anna. Nach Motiven aus ›Die Minderleister‹« einige Szenen des Stücks.

»Die Minderleister« erschien bei Suhrkamp 1991 auch in *Spectaculum* Nr. 51, mit dem Gespräch von Peter Turrini und Uwe Jens Jensen für das Programmheft der Uraufführung im Akademietheater.

Die Uraufführung von »Tod und Teufel« fand am 10.11.1990 im Wiener Burgtheater statt, Regie führte Peter Palitzsch.

Eine Hörspielproduktion von RIAS Berlin/ORF Wien wurde am 12.2.1992 (auf RIAS 1) erstmals ausgestrahlt, Regie führte Robert Matejka. Die Ausstrahlung im ORF erfolgt am 11.8.1992 in Ö 1.

Die Uraufführung der Oper »Tod und Teufel« fand am 17.9.1999 am Opernhaus Graz statt, Regie führte Georg Schmiedleitner. Das Libretto von Peter Turrini wurde von Gerd Kühr vertont.

Die Uraufführung von »Ich liebe dieses Land« fand am 7.12.2001 am Berliner Ensemble (als Koproduktion mit dem Stadttheater Klagenfurt) statt, Regie führte Philip Tiedemann. Die Premiere in Klagenfurt war am 19.9.2002.

Die Klagenfurter Aufführung wurde vom ORF aufgezeichnet und am 25.1.2003 ausgestrahlt. Eine Wiederholung war am 25.9.2004 auf 3SAT zu sehen.

Anläßlich der Uraufführung erschien 2001 in der edition suhrkamp theater der Band »Ich liebe dieses Land«, Stück und Materialien, zusammengestellt von Silke Hassler.

Außerdem wurde das Stück »Ich liebe dieses Land« (in der sogenannten »Klagenfurter Fassung«, eine für die Klagenfurter Aufführung vom Autor leicht bearbeitete Fassung) 2004 in *Spectaculum* Nr. 75 abgedruckt, mit einem Vortrag von Silke Hassler mit dem Titel »Peter Turrini oder Die menschliche Tragödie als österreichische Komödie«.

Textnachweise

Die Minderleister

Aus einem Gespräch mit Uwe Jens Jenssen über »Die Minderleister«, für das Programmheft der Uraufführung. In: Programmheft des Akademietheaters, Nr. 32, 1988, S. 145-154.

Aus einem Gespräch mit Uwe Jens Jenssen über »Die Minderleister«, für das Programmheft der Uraufführung, gekürzt. In: Programmheft des Akademietheaters, Nr. 32, 1988, S. 145-154.

Aus einem Brief an eine Dissertantin, 1991, unveröffentlicht.

Aus einem Interview mit Erwin Kisser, »Pornographie ist Verwertung von allem und jedem«, leicht überarbeitet. In: Der Standard, 5.9.1990.

Text für eine Aufführung am Grazer Schauspielhaus, geschrieben im März 2006, leicht gekürzt, unveröffentlicht.

Aus einem Interview mit Frido Hütter und Hubert Patterer, »Warum ... ist der Kapitalismus böse, Herr Turrini«, gekürzt. In: Kleine Zeitung, 15.4.2007, S. 6-7.

Tod und Teufel

Aus einem Interview mit Barbara Kunze, »Da geht ein Mensch los und sucht die Sünde«, gekürzt. In: Berliner Morgenpost, 7.3.1991.

Aus den Materialien zu einem Interview, 1993, unveröffentlicht.

Aus einem Brief, 1995, unveröffentlicht.

Aus einem Interview mit Dieter Bandhauer, »Nähe als ästhetisches Prinzip«, leicht überarbeitet. In: die tageszeitung, 19.11.1990.

Aus einem Interview mit Elisabeth Hirschmann-Altzinger, »Gemischtes Doppel«, leicht überarbeitet. In: Die Bühne, Nr. 9, 1994, S. 17-20.

Aus einem Interview mit Wolfgang Brenner, »Ich habe etwas gegen Journalisten«, überarbeitet. In: Tip, Nr. 13, 1991, S. 90-92.

Aus einem Interview mit Otto Friedrich und Christian Rath-
ner, »Das teuflische Prinzip der Gleichzeitigkeit«, leicht
überarbeitet. In: Wiener Blätter, Nr. 8, 1990, S. 16-20.
Aus einem Brief an einen Freund, 2007, unveröffentlicht.
Aus dem Arbeitsjournal, 2001, unveröffentlicht.
Aus einem Interview mit Barbara Petsch, »Ich wollte ins Prie-
sterseminar gehen«, leicht gekürzt und überabeitet. In: Die
Presse, 6.2.2011.

Ich liebe dieses Land
Aus einem Brief an Claus Peymann, 1998, unveröffentlicht.
Aus einem Interview mit Claudia Keller, »Ausländer rein!«,
gekürzt und überarbeitet. In: Tagesspiegel – Spielzeit, Dezember 2001.
Aus einem Interview mit Henryk M. Broder und Wolfgang
Höbel, »Diese irrsinnige Weißwaschsucht«, gekürzt und
leicht überarbeitet. In: Der Spiegel, Nr. 10, 2001, S. 242-
248.
Aus der Langfassung eines Interviews mit Christoph Hirsch-
mann, leicht überarbeitet. In einer kürzeren Version unter
dem Titel »Schreibe nicht für die Josefstadt« abgedruckt in:
Format, Nr. 48, 2001, S. 115-116.
Aus einem Interview mit Irene Bazinger, »Wenn die Deutschen
an das Ende ihrer Sprache gelangen«. In: Frankfurter Allgemeine Zeitung, 7.12.2001.
Aus einem Interview mit Claudia Keller, »Ausländer rein!«,
überarbeitet. In: Tagesspiegel – Spielzeit, Dezember 2001.

Bildnachweise

Umschlagphoto © Martin Vukovits
Peter Turrini in seinem Haus in Kleinriedenthal

Die Minderleister

Uraufführung im Akademietheater Wien, 1988 © Photo: Abisag Tüllmann/Deutsches Theatermuseum, München
Tournee der Compagnie Brozzoni, Paris, 1998 © Photo: Denis Vallon
Königliches Theater Kopenhagen, 1991 © Photo: Henrik Saxgren
Münchner Kammerspiele, 1989 © Photo: Oda Sternberg/Deutsches Theatermuseum, München

Tod und Teufel

Uraufführung im Burgtheater Wien, 1990 © Photo: Andreas Pohlmann
Theater Phönix Linz, 1991 © Photo: Gerd Thaller
Schauspielhaus Hamburg, 1991 © Photo: Imke Weidtman

Ich liebe dieses Land

Uraufführung am Berliner Ensemble, 2001 © Photo: Herbert Neubauer
Staatstheater Kassel, 2002 © Photo: Thomas Huther
Stadttheater Klagenfurt, 2002 © Photo: Stefan Zoltan